IMAGINE DEMAIN

ça commence par moi présente

IMAGINE DEMAIN

Créé par **Julien Vidal**
Illustré par **Quentin Caillat**

avec

LE GRAND ATELIER DES 2030 GLORIEUSES

+ 36 cartes détachables et 1 dépliant illustré

NO PLANET B

Jouvence

DANS LA MÊME COLLECTION
AUX ÉDITIONS JOUVENCE

3, 2, 1... Climatarien·ne, Mélanie Sancery-Gay
Meuf green, Deborah Lopes

Catalogue gratuit sur simple demande

Éditions Jouvence
France : BP 90107 – 74161 Saint-Julien-en-Genevois Cedex
Suisse : Route de Florissant, 97 – 1206 Genève
Site Internet : **www.editions-jouvence.com**
E-mail : info@editions-jouvence.com

ISBN : 978-2-88953-762-4

Couverture et mise en page : Loriane de Yay
Illustrations : Quentin Caillat
Maquette intérieure : Anaïs Pascal

SOMMAIRE

PARTIE 3

UNE VISION DES 2030 GLORIEUSES : LES CARTES ORACLES

71

PARTIE 4

DEVENIR « GUIDE » DE VOYAGE EN 2030 GLORIEUSES

113

Chère lectrice, cher lecteur, afin de faciliter la lecture, nous n'avons pas utilisé tous les codes de l'écriture inclusive, uniquement les plus lisibles. Bien entendu, ce livre s'adresse à toutes et tous, sans distinction de genre. Bonne lecture !

L'ÉQUIPE DERRIÈRE LE PROJET

Loriane de Yay · graphisme

Loriane a réalisé l'identité visuelle de « Ça commence par moi » (logo, dépliant, site Internet) et aide à formuler en images les défis de Julien et à rendre le changement accessible au plus grand nombre. Dans son quotidien, Yay oscille entre projets graphiques engagés à portée écolo-féministe-culturelle et papeterie « utile ». Des projets papier pour pousser par l'image les gens à changer leurs modes de consommation, comme son calendrier des fruits et légumes de saison, imprimé localement, sur du papier recyclé et avec des encres sans solvants. Le graphisme au service d'un client, c'est bien, le graphisme au service de la société de demain, c'est mieux !

→ *www.collectif-yay.com*

Quentin Caillat

Quentin Caillat jouit d'une formation aux techniques traditionnelles et digitales de dessin à l'incontournable Émile Cohl. Troquant un ridicule doudou en peluche pour un chic crayon dès le berceau, Quentin n'a jamais cessé de dessiner depuis. Avec sa palette de couleurs restreinte et hypnotique, Quentin construit des scènes sublimes et intrigantes, qui nous convaincraient presque de dire bonjour à un monde nouveau.

→ *@quentcaillat sur Instagram*

Julien Vidal

Après avoir travaillé dans la solidarité internationale en Colombie et aux Philippines, Julien Vidal a lancé en 2016 le mouvement « Ça commence par moi » pour éveiller les consciences aux causes des dérèglements des écosystèmes et proposer des alternatives durables et solidaires.

Depuis plus de trois ans, il anime le podcast 2030 Glorieuses dans lequel il donne la parole aux personnes qui incarnent les nouvelles abondances du monde de demain. Ces échanges lui ont inspiré le livre *2030 Glorieuses. Utopies vivantes* (Actes Sud, 2022) ainsi qu'un atelier participatif pour permettre aux Français et aux Françaises de reprendre le pouvoir des imaginaires. Il a publié en 2023 *Mon métier aura du sens* aux éditions Vuibert et continue à œuvrer sans relâche aux déploiements des imaginaires solidaires et durables afin qu'ils deviennent la norme dans les années à venir.

→ *www.linkedin.com/in/vidal-julien/*

Les 2030 Glorieuses et l'association Ça commence par moi

Cet outil pédagogique a été développé dans le cadre des missions de sensibilisation aux enjeux écologiques et solidaires de l'association Ça commence par moi. Après avoir été financé par une campagne de financement participatif mené avec succès sur la plateforme Zeste en 2021 grâce au soutien de 316 contributrices et contributeurs et aux retours élogieux des centaines de personnes qui ont voyagé en 2030 Glorieuses grâce à lui, nous avons décidé de l'éditer avec l'appui des Éditions Jouvence pour le déployer auprès d'un public plus large.

Aujourd'hui, le projet 2030 Glorieuses est développé à plein temps par Julien Vidal et Arthur Lanter. La communauté des guides de voyage en 2030 Glorieuses est en pleine extension avec des dizaines de personnes mobilisées partout en France et des milliers de personnes qui ont l'opportunité de vivre ce voyage utopiste. Vous pouvez vous former en ligne et rejoindre des personnes impliquées dans ce projet à côté de chez vous ou lancer la dynamique sur votre territoire si ce n'est pas déjà le cas.

→ *www.2030glorieuses.org*

L'association Ça commence par moi a été créée par Julien Vidal en 2017 pour porter une écocitoyenneté ambitieuse et rayonnante avec notamment un site Web qui référence plus de 400 actions écologiques et solidaires pour transformer vos modes de vie ainsi que des outils pour mobiliser massivement votre entourage. L'association donne aussi accès à du contenu pédagogique (vidéos, podcasts, articles, etc.) pour mieux s'approprier ces sujets complexes et mouvants afin de donner un plus grand sentiment de légitimité à celles et ceux qui veulent agir sans attendre.

→ *www.cacommenceparmoi.org*

Les droits générés par la vente de cet outil seront reversés à l'association Ça commence par moi pour développer la galaxie 2030 Glorieuses.

AVANT-PROPOS

Pour changer la trajectoire funeste du monde et faire mentir les pires pronostics des plus fatalistes, nous ne manquons pas d'idées ni de solutions technologiques ni de nouveaux scénarios de vie. Nous ne manquons pas non plus d'argent, il est juste très mal investi. Ce dont nous manquons en revanche, c'est d'audace, de priorisation, de pensée libre, de foi en l'humanité et de vision… Tout ceci est contenu, porté par une chose : l'utopie. Pour faire advenir un autre monde, nous manquons juste d'utopies.

Qu'est-ce que la sécurité sociale au départ, si ce n'est une pure utopie ? Et comment les contemporains des premiers abolitionnistes traitaient-ils ces fous qui croyaient dans la fin de l'esclavage ? Et récemment ceux et celles qui rêvaient qu'on puisse arrêter une planète pendant un mois, clouer les avions au sol. Et les petits malins qui rêvèrent d'un système incompréhensible pour la majorité, qui s'appelle aujourd'hui Internet. Des utopistes, toujours et encore, en minorité, en contestation avec leur époque pour l'élever, l'amener ailleurs, plus haut, plus belle.

Vous pensez que ce guide de conversations utopiques vous fera rêver pendant une heure, pour oublier la dure réalité ? C'est tout l'inverse. Être utopiste ne vous invite pas à fuir la réalité. Cela vous invite à la regarder en

LE MANIFESTE DES 2030 GLORIEUSES : L'UTOPIE EST NOTRE MEILLEURE ARME, C'EST MÊME LA SEULE EFFICACE.

face avec ce qu'elle a d'intolérable, d'absurde. L'utopie vous invite à regarder la réalité telle qu'elle pourrait être, pour la changer.

Une utopie c'est juste ce qui n'existe pas encore. Le péril est étymologique : une fois advenue, elle n'a plus le droit de s'appeler utopie, elle est entrée dans la matière, c'est devenu une évidence que plus personne ne méprise. Et nous oublions qu'à l'origine de chacun de nos droits, des inventions géniales, il y a toujours un petit nombre d'utopistes qui pensent que quelque chose qui n'existe pas existera bel et bien demain... car c'est légitime, car c'est leur désir profond, non négociable.

L'inverse de l'utopie n'est pas le réalisme, c'est le conservatisme, la résignation, la médiocrité.

À chaque époque, il y a une poignée de gens capables de voir l'intolérable de leur monde, capables de voir par-delà le présent. Ils et elles savent que l'irréalisé n'est pas l'irréalisable. Ils et elles savent que l'humanité mérite mieux, qu'elle en est capable et qu'une trajectoire n'est jamais complètement écrite.

Sandrine Roudaut
Perspectiviste, conférencière, éditrice
et autrice de *L'utopie, mode d'emploi*, *Les Suspendu(e)s*
et du roman d'anticipation *Les Déliés*
aux éditions de La Mer Salée

INTRODUCTION

On a perdu trop de temps…

Nous avons perdu trop de temps à nous accorder sur la façon de changer le monde… Depuis le rapport des époux Meadows intitulé Les limites à la croissance publié en 1972, dans lequel pour la première fois, des chercheurs alertaient sur les risques d'une croissance économique infinie dans un monde aux ressources limitées, le débat écologique a été principalement réduit à des discussions techniques pour valider quelles solutions devaient être mises en place pour limiter notre impact sur la planète. Les rapports chaque fois plus alarmistes des experts se succèdent sans discontinuer et près de cinquante ans plus tard, les (mêmes) conversations font rage sans que de véritables actions concrètes soient menées et que notre course consumériste effrénée ait été ralentie. Pire, les limites planétaires sont en train d'être dépassées les unes après les autres et nous continuons à chercher l'impossible découplage entre économie et écologie.

Sommes-nous voués à l'immobilité ? Sommes-nous dépassés par un défi hors de notre portée ? Ou peut-être est-ce notre incapacité à appréhender le temps long qui nous pénalise tant ? Comment expliquer cet échec monumental alors que l'humanité a montré tout au long de l'Histoire sa capacité à réaliser des prouesses ?

Si chaque nouveau rapport alertant sur l'ampleur de la destruction du monde a son importance et doit trouver le plus d'écho possible, nous prenons pourtant le parti de considérer dans cet ouvrage un autre levier à activer pour nous sortir de la torpeur.

VOUS NE TROUVEREZ DONC PAS DANS CE LIVRE :

– de chiffres faisant état de la situation climatique catastrophique si nous continuons dans notre trajectoire ;
– de liste des espèces vivantes disparues ou sur le point de disparaître du fait de l'action humaine ;
– de résumé détaillé des risques sanitaires, géopolitiques, etc., qui vont s'accroître dans un futur proche à cause des perturbations des équilibres du système Terre ;
– de débat pour savoir définitivement quelle est la meilleure énergie pour notre société ;
– de potentielles pistes pour découpler la croissance économique de la croissance des émissions de gaz à effet de serre ;
– d'arguments pour savoir quel est le meilleur moyen de diminuer notre impact écologique ni de courbes pour simuler les possibilités de rester, ou pas, sous les 1,5 °C de réchauffement climatique.

La question que nous souhaitons proposer est la suivante : « Et si finalement, plutôt que de manquer de nouvelles alertes ou de nouvelles discussions techniques, nous manquions d'un nouveau cap ? » De plusieurs caps même, comme autant de futurs souhaitables, d'utopies vivantes, de portes entrouvertes vers des modes de vie écologiques et solidaires qui nous permettraient d'envisager avec enthousiasme les décennies à venir.

L'incapacité de nos dirigeants économiques et politiques à proposer une alternative durable et solidaire à nos modes de vie actuels ne veut pas dire que nous ne sommes pas capables de faire société autrement. Peut-être est-ce plutôt le signe que la bonne échelle pour imaginer et faire la preuve de l'après-capitalisme ne peut être que locale ? Et ça tombe bien, car les citoyennes et les citoyens n'ont pas attendu nos décideurs pour se lancer. Depuis des années, parfois même des décennies, des expérimentations sont initiées partout dans nos régions et donnent à voir ces fameux « mondes d'après » que nous appellerons ici les « 2030 Glorieuses ».

Et la bonne nouvelle c'est que les 2030 Glorieuses sont non seulement possibles, mais qu'elles existent déjà. À nous de les déployer largement ! En les faisant exister dans nos esprits d'abord, puis en les adaptant dans nos lieux de vie pour rendre le modèle néolibéral obsolète et reprendre notre place parmi le vivant avec enthousiasme et générosité.

POURQUOI CET OUTIL A-T-IL ÉTÉ CRÉÉ ?

– Pour dépasser le fatalisme ambiant.
– Pour visualiser tout ce qu'on a gagné plutôt que de partir de tout ce qu'on a à perdre.
– Pour réaliser que finalement nous avons toutes et tous la capacité d'imaginer un futur désirable.
– Pour offrir au plus grand nombre l'occasion de donner son avis sur l'avenir de notre société.
– Pour faire exister des propositions de société multiples, territorialisées, incarnées et interdépendantes.
– Pour se rendre compte que toutes les alternatives durables existent déjà.

1

POURQUOI DOIT-ON REPRENDRE NOTRE POUVOIR UTOPISTE ?

L'UTOPIE ET NOUS

Les Français ont tellement peur du futur qu'ils ne veulent plus y penser. *The Lancet Planetary Health* a publié une étude qui montre que 75 % des jeunes ont peur de l'avenir. Réalisé dans 10 pays (Philippines, Brésil, Inde, Australie, Portugal, France, Royaume-Uni, Nigeria, États-Unis et Finlande), ce sondage a été effectué auprès de 10 000 jeunes de 16 à 25 ans :

- **59 % sont « très » ou « extrêmement inquiets » du changement climatique ;**
- **45 % affirment que l'anxiété climatique affecte leur quotidien : sommeil, alimentation, travail et divertissements ;**
- **56 % estiment que « l'humanité est condamnée » ;**
- **39 % hésitent à avoir des enfants.**

Cette peur comporte plusieurs risques...

- La montée de l'extrême droite. Avoir peur du futur peut nous pousser à aller vers la personnalité politique qui aura le discours le plus populiste, paternaliste, simpliste.

- L'explosion de l'individualisme et du sentiment d'inutilité. L'angoisse liée à notre avenir peut accélérer le repli sur soi qui est souvent provoqué en cas d'écoanxiété laissée sans réponse.

- Le piège de la prophétie autoréalisatrice. À force d'anticiper le pire, on peut finir par faciliter sa réalisation, car on aura été trop occupé à limiter ses conséquences plutôt que de construire d'autres alternatives.

Une partie grandissante des Français a remis le vivant tout en haut de ses priorités et c'est un changement dont nous devons nous féliciter.

Mais c'est aussi une immense responsabilité, car ces personnes sont tout entières à l'écoute des évolutions du monde. Et le piège serait pour elles de se laisser happer par le flot incessant des actualités charriant son lot quotidien de mauvaises nouvelles. Rien ne va assez vite et le sentiment de frustration ne peut être mis de côté très longtemps jusqu'à parfois donner l'impression que tout est perdu et que rien ne sert de garder espoir. Comment faire dès lors pour pouvoir compter dans les rangs des « engagés pour le vivant » une troupe toujours plus fournie pour les décennies à venir ? En s'accordant de temps en temps des respirations futuristes ! C'est la condition *sine qua non* pour pouvoir affronter la lenteur du présent. Et même pour la confronter afin de la déjouer une bonne fois pour toutes.

JOUER AVEC SON « ESPRIT UTOPISTE » PERMET DÉJÀ DE TRANSFORMER LE MONDE.

L'utopie libère (plus que) le plein potentiel de l'imagination. Que nous partions d'une situation réelle ou d'une page encore vierge, les seules limites à notre capacité de création sont celles de notre esprit. On dit même que le fait de jouer avec son « esprit utopiste » permet déjà de transformer le monde. C'est ce qu'on appelle la fonction performative de l'utopie qui a du pouvoir sur notre présent dès que son étincelle apparaît dans nos cerveaux. Nos pensées sont tournées vers ces possibles, puis nos pas, puis nos actions, puis notre entourage, puis la société...

C'est simple : **les utopies sont un rempart au fatalisme**. Elles nous disent que tout est toujours possible, que rien n'est figé, que toute organisation humaine est réformable et incessamment perfectible, que nous avons la liberté de choisir notre futur plutôt que de le subir. Le champ de la fiction utopique rend possible l'amorçage du processus transformatif. Joseph Déjacque le confirme, dans son introduction à *L'Humanisphère*, utopie anarchique : « *Toutes les* *idées novatrices furent des utopies à leur naissance ; l'âge seul, en les développant, les fit entrer dans le monde du réel. Les chercheurs du bonheur idéal comme les chercheurs de la pierre philosophale ne réaliseront peut-être jamais leur utopie de manière absolue, mais leur utopie sera la cause de progrès humanitaires.* » Un pouvoir extraordinaire qui mérite de ne plus être ignoré.

Et puis au-delà de son pouvoir sur le monde, l'utopie a également un pouvoir non négligeable sur chacun de nous. L'utopie fait du bien, l'utopie rassure, l'utopie énergise, l'utopie redonne de l'espoir. À l'heure où certains spécialistes décrivent l'écoanxiété comme le mal du siècle, il est vital de considérer tous les leviers à notre portée pour raccrocher une partie de l'humanité dont la souffrance devient trop immense aux wagons des acteurs du changement. À commencer par constater que l'écoanxiété est sans doute une manière très réductrice pour décrire l'état de sidération dans lequel se retrouve une partie grandissante de l'humanité. Car finalement, se rendre compte que les choses vont mal dans le monde à un point tel que l'on ne puisse plus y rester indifférent, est-ce une preuve de faiblesse ou au contraire une preuve de lucidité ? Plutôt que le terme « d'écoanxiété », j'aurais tendance à préférer celui « d'écosensible » ou celui « d'écoclairvoyant » pour montrer que de plus en plus d'êtres humains osent écouter le lien vital qui existe entre le système Terre et leur propre personne. Comme le dit Alice Desbiolles, médecin, spécialisée en santé environnementale et autrice du livre *L'Écoanxiété. Vivre sereinement dans un monde abîmé*, l'écoanxiété « *n'est pas du tout un chemin de croix. C'est souvent une voie qui permet de s'émanciper, de se déprendre de beaucoup d'injonctions de nos sociétés actuelles et de trouver une forme de paix intérieure* ». Cette remise en question forcément difficile mais nécessaire permettra ainsi de déboucher sur des changements de vie salutaires à condition de prescrire une bonne dose d'utopies à toutes celles et tous ceux qui la traversent.

Surtout, parler (enfin) des choses que nous allons pouvoir « gagner » et des nouvelles abondances à venir dans les prochaines années nous permettra de donner envie à une large majorité de nous rejoindre.

S'AUTORISER À ÊTRE UTOPISTE C'EST S'AUTORISER À VISER UN IDÉAL.

Car c'est sans doute là son plus grand pouvoir : l'utopie fédère largement, car elle est désirable. Bien que la société ait presque réussi ces dernières décennies à faire en sorte que le mot « utopie » soit quasiment synonyme de « folie », c'est à nous de lui redonner ses lettres de noblesse et de montrer que s'autoriser à être utopiste c'est s'autoriser à viser un idéal. En se battant pour plutôt que contre, nous permettrons à une part importante de la population française (puis mondiale) de vouloir rejoindre nos rangs, car la joie, l'amour ou encore l'altruisme sont des émotions beaucoup plus fédératrices que la peur, la colère ou bien la raison.

LE REGARD DE NOS TROIS EXPERTS

Sandrine Roudaut : Le pouvoir de l'utopie

Sandrine Roudaut est perspectiviste, conférencière, éditrice et autrice de *L'utopie, mode d'emploi*, *Les Suspendu(e)s* et du roman d'anticipation *Les Déliés* aux éditions de La Mer Salée. C'est la marraine des 2030 Glorieuses depuis le début.

• **Julien** • ***Pourquoi peut-on dire aujourd'hui que tu es une des ambassadrices des utopies en France ?***

• **Sandrine** • J'ai compris l'importance fondamentale de l'utopie il y a une dizaine d'années. Je suis convaincue que c'est comme ça qu'on peut changer le monde. J'ai beaucoup travaillé sur les freins au changement et je pense que c'est l'unique façon de les lever ces freins. Donc aujourd'hui, je me consacre à ce sujet et j'espère que d'autres vont pouvoir s'en emparer pour faire émerger de nouvelles choses.

• **Julien** • ***Pourquoi le pouvoir des utopies est-il aussi puissant selon toi ?***

• **Sandrine** • Quand on est enfant, on le sait. On sait qu'on peut tout être, on sait que rien n'est écrit et que si on s'autorise à imaginer qu'on fera tel métier ou que le monde changera de telle manière, alors c'est possible. En grandissant, ce pouvoir pourtant bien réel est connoté très négativement. On dit des utopistes qu'ils sont des bisounours et que ce qu'ils disent n'est pas réaliste. C'est affreux, car ça montre que toute la société, à commencer par l'éducation, vient saboter notre puissance créatrice et contredire cette vérité : rien n'est jamais inéluctable.

Personnellement, j'ai mis de côté ce trait de caractère, comme beaucoup de gens qu'on traite de trop idéalistes, de trop impliqués et de trop engagés. Et paradoxalement, c'est quand j'ai voulu techniquement, pragmatiquement, comprendre comment étaient faites nos têtes et pourquoi on ne changeait pas malgré l'urgence, notamment climatique, que je suis revenue à l'utopie. Face à des freins qu'on connaît toutes et tous, comme le sentiment d'impuissance, la peur, la culpabilité, même si elle est inconsciente, je me suis rendu compte que finalement, la seule façon de les surmonter, c'est de mettre d'autres émotions en face. Et ce qui les active, c'est l'utopie !

• **Julien** • ***Et donc il faut jouer à voyager dans un futur potentiellement souhaitable pour le faire advenir ?***

• **Sandrine** • Toi tu parles de voyager dans le futur et moi je dirais qu'en fait ce sont des voyages dans notre intuition. Les utopistes sont des gens clairvoyants, c'est-à-dire qu'ils sont capables de voir par-delà le présent. Ils sont capables de voir ce qui sera là demain. Donc, l'utopie, ce n'est pas être irréaliste, au contraire, c'est faire preuve d'une lucidité extrême concernant ce qui est insoutenable dans ce monde actuellement et comment le dépasser. L'utopiste est en réalité particulièrement connecté à ses valeurs. Et donc si on voyage dans le futur, c'est surtout un voyage qui part de nos désirs et de nos valeurs profondes.

L'Histoire l'a déjà prouvé avec le droit de vote pour les femmes par exemple : des femmes sont parties de cette intuition profonde qui leur faisait voir comme une évidence que demain elles allaient pouvoir voter. En partant de cette évidence, il n'y avait plus rien qui pouvait les arrêter. Demain, nous voterons parce que c'est légitime. C'est ça qui donne cette force incommensurable aux utopistes. Le futur pour lequel ils et elles se battent est non négociable parce qu'il est légitime. C'est le monde dans lequel nous avons envie de vivre et c'est le monde que nous avons envie de léguer.

Voilà pourquoi les utopies sont si importantes. C'est parce qu'elles suscitent les émotions qui nous permettent ensuite de nous mettre en mouvement. Ce n'est pas du tout la raison qui nous met en mouvement, la preuve c'est qu'il y a bien longtemps qu'on se serait mis à bouger si on comptait sur notre raison comme moteur. Les menaces rationnelles à notre survie sont connues depuis longtemps. Au contraire même, la raison a tendance à nous tétaniser : à force de ressasser nos croyances limitantes, nos peurs, nous restons scotchés à nos habitudes, sidérés, incapables de faire autrement, même si on sait qu'on fait partie du problème.

• Julien • ***Et tu t'es justement adonnée à cet exercice de faire émerger des modes de vie fictifs comme une évidence dans ton premier roman pour voir la puissance des récits...***

• Sandrine • Exactement ! Depuis que j'ai écrit ce roman dans lequel je développe tout un tas d'idées et de concepts qui semblent inaccessibles aujourd'hui, il y a vraiment des gens qui me disent : « Mais en fait, c'est possible ! Pourquoi ne le fait-on pas ? » C'est pour ça que je crois beaucoup à la fiction. Le roman nous donne la possibilité de vivre des émotions fortes, d'expérimenter, de vivre dans un autre monde, des émotions qui donnent l'énergie pour se mettre en mouvement.

Et de l'énergie on en a bien besoin, car nous les utopistes on est en minorité pour l'instant. Et c'est pour ça qu'un outil comme l'atelier de voyage en 2030 Glorieuses est aussi intéressant : il permet de trouver ses alliés. Et ce n'est pas grave si chacun décide de s'occuper de sa propre utopie. C'est comme ça qu'on arrive à être complémentaire. Pour certains, certaines, ça va être la question des déchets; pour d'autres, celle des animaux; pour d'autres encore, l'égalité de genre, etc. Chacun est finalement en train de transformer une partie du monde. Et c'est d'ailleurs toujours comme ça que ça se passe. Le monde n'évolue pas avec les gens rationnels qui sont aux commandes. Ce sont des minorités utopistes qui le font évoluer.

• **Julien** • ***Tu parlais des émotions pour faire changer le monde, quelles sont celles qu'on devrait utiliser pour accélérer la transformation en cours et faire que la majorité nous rejoigne?***

• **Sandrine** • Il y a deux émotions principales pour dépasser les freins au changement. La première, c'est le désir. Les utopistes veulent cet autre monde pour eux et pour leurs enfants. Et cette envie immense nous permet de voir certains obstacles comme étant mineurs alors que pour l'essentiel des gens, ils ont l'air insurmontables.

Et puis la deuxième émotion dont on a besoin, c'est la confiance. La confiance, elle se gagne dans l'action. C'est pour ça que les petits gestes sont intéressants. On ne sauvera pas le monde en arrêtant l'eau pendant qu'on se lave les dents, ça, c'est clair. Ni avec des pailles en bambou. Il faut arrêter de se rassurer avec ça. Par contre, ça nous permet de reprendre le contrôle sur notre vie petit à petit et donc on reprend confiance sur le fait qu'on a quand même un certain contrôle sur le cours des choses. Et puis en faisant ça, on trouve aussi des alliés et notre confiance dans l'action continue à se déployer, car elle devient collective.

• **Julien** • ***Malheureusement, pour l'instant, quand on se projette dans le futur avec les récits, c'est en général de manière catastrophiste. Pourquoi est-ce quelque chose que l'on doit changer?***

• **Sandrine** • Aujourd'hui, malheureusement, on a très peu de nouvelles histoires qui nous font rêver. Le futur qu'on nous projette est soit high-tech sous surveillance, soit apocalyptique. Et c'est la même chose que ce soit dans les séries télé, les films ou les romans. C'est pour ça que je me suis mise à la fiction. On a besoin de lire, entendre, ressentir l'autre monde dont on nous parle, il peut être apaisé, joyeux et inspirant. En fait, il peut même être vraiment chouette avec d'autres métiers, avec d'autres façons de vivre.

On se sent valorisé par des imaginaires qui nous donnent envie de cocher certaines cases. Il y a encore quelque temps, avoir une Rolex, c'était réussir sa vie. Aujourd'hui, si on fait bien notre travail d'inspiration, dans quelques années, ça sera loin tout ça. Les normes culturelles et sociales auront changé.

• Julien • ***D'autant qu'on dit souvent qu'il faut changer le monde en développant de nouvelles valeurs, mais est-ce que finalement il ne faudrait pas plutôt s'autoriser à écouter qui nous sommes vraiment ?***

• Sandrine • Oui, c'est ça. C'est peut-être le plus douloureux et donc le plus difficile, mais c'est aussi le plus nécessaire. Pour mon second essai *Les Suspendu(e)s*, j'ai beaucoup travaillé sur le lien entre l'engagement et l'accomplissement personnel, la joie. On dit souvent qu'« il faut se changer pour changer le monde », mais je ne crois pas que ça soit vraiment nécessaire. Au contraire, je pense qu'il faut être le plus soi possible. Ce n'est pas une question de perfection et d'injonctions contradictoires. Nous devons plutôt nous débarrasser de ce qui nous rend absents à nous-mêmes, à cette sagesse profonde, naturelle. Et dans l'histoire, les utopistes sont d'ailleurs souvent les désobéissants ou les résistants. Ce sont des gens qui savent écouter ce que leur dit leur cœur, en dépit du brouhaha ambiant, ils ne peuvent pas faire autrement ! C'est ce qui différencie les gens « normaux » des utopistes, ces derniers ne se résignent pas. Ils ne peuvent pas se soumettre à l'autorité quand elle est contraire à leurs valeurs profondes. Tu ne peux pas renier tes utopies, renier tes valeurs, tu ne peux pas les mettre sous le tapis. À un moment donné, elles te reviennent à la figure. Ça s'appelle le *burn-out*, la dépression, etc., ça veut dire qu'on perd notre pulsion de vie, notre désir pour demain. Spinoza dit que notre puissance d'être, ce qui fait qu'on se projette en avant, c'est le désir.

Mathieu Baudin : Voyager dans le futur

Historien et prospectiviste, Mathieu Baudin est directeur de l'Institut des Futurs souhaitables (IFs), une école de la « réinvention » dont la vocation est de réhabiliter le temps long dans les décisions présentes et d'inspirer le débat public de futurs souhaitables. Entouré d'une équipe d'une centaine d'experts et d'artistes, il organise et anime des explorations intellectuelles ou *lab sessions* pour mieux se repérer et se projeter dans le monde de demain.

Auteur, conférencier, *TEDx speaker* et organisateur, chroniqueur TV, podcasteur, il voyage dans le temps depuis plus de vingt ans entre passé, présent et futur pour permettre à chacun de comprendre notre époque et d'imaginer demain à l'aune de ce qu'il pourrait être de mieux.

• Julien • ***Nous, on voyage en 2030 Glorieuses et toi avec l'Institut des Futurs souhaitables, tu voyages en 2040…***

• Mathieu • 2030, 2040, 2050… Quel que soit l'horizon de temps que l'on se choisit, le futur reste toujours un prétexte pour introspecter le présent. Disons que pour nous, la seule façon de prendre du recul, c'est d'éloigner l'horizon. Une temporalité assez lointaine pour se permettre d'imaginer différemment et assez proche pour que tout le monde puisse voir les conséquences de ses actions autant que de ses inactions. Après moi, finis les déluges.

Un des grands secrets de la prospective, cet art d'imaginer les futurs, c'est que pour comprendre le temps, il faut prendre le temps. C'est pour cela que, deux fois par an, nous prenons six mois pour voyager en 2040 avec des passagers d'une « caravelle » qui se rassemblent sans se ressembler et des intervenantes et intervenants, exploratrices et explorateurs de mondes. Ensemble, on appréhende la complexité du monde en étant bien conscients que oui un scénario noir est possible, surtout si l'on ne fait rien, mais que oui, des futurs souhaitables sont possibles, surtout si l'on y contribue.

• **Julien** • ***Et tu démocratises ce savoir à travers un podcast dont tu es l'animateur et qui s'intitule « Dites à l'avenir que nous arrivons ».***

• **Mathieu** • Le format audio est un excellent moyen de développer l'imaginaire, car il n'est pas lesté du poids des images qui, concernant le futur, vieillissent mal en général. J'essaye de faire œuvre de poésie, car comme le disait Jean Cocteau, les poètes sont les seuls à pouvoir se souvenir du futur. Ce qui est bien avec la poésie, c'est qu'il n'y a pas de limites *a priori*. « La terre est bleue comme une orange. » En une phrase, vous avez la gourmandise de quelque chose qui n'existe pas tout en ayant quand même une expérience.

En plus, le format audio peut sublimer cette poétique de l'action grâce à de la musique bien sentie. Et il permet de bien saisir les tessitures atemporelles de la nature humaine. Ces convergences qui nous rappellent que si l'on est unique, on n'est peut-être pas si singulier. Un joli prétexte à se rappeler qu'« humain », « humus », « humilité » et « humour » ont la même racine.

• **Julien** • ***Pourquoi regarder le futur plutôt que le passé pour éclairer le présent ?***

• **Mathieu** • Au regard de ma pratique, les deux sont utiles et, dans les deux cas, la finalité c'est le présent. À l'école, c'est comme ça qu'on apprend le présent en racontant ce que les humains ont fait avant nous. Comme s'il y avait de la sagesse à trouver chez les Carolingiens. Et de fait, il y en a.

Mais je sens qu'il est temps qu'on observe le présent aussi à la lumière de ce qui pourrait être. Et c'est d'ailleurs un des rêves que je caresse depuis vingt-cinq ans : proposer des cours de futur à côté des cours d'histoire dans l'Éducation nationale pour ouvrir les imaginaires, pour transmettre à une génération de contemporain du futur que demain sera profondément ce qu'ils en feront.

Dans les deux cas, l'historienne et le prospectiviste sont des raconteurs d'histoires. Et les histoires c'est important pour l'humanité, espèce fabulatrice s'il en est. « Quelles histoires pour quelles trajectoires ? » pourrait être le *motto* de nos deux podcasts.

On en est à ce moment-là de notre histoire commune de l'humanité. En mode contraint ou souhaité, on doit passer à autre chose, à une autre phase de notre évolution.

• **Julien** • ***Comment fait-on ?***

• **Mathieu** • Faire, en soi, est déjà une réponse. Les psychologues nous le rappellent bien, c'est même la seule manière de sortir de la dépression, en se réappropriant une partie de notre destinée. Et des choses à faire il y en a, tout le monde est le bienvenu tant les chantiers sont nombreux.

Sur ce sujet, Patrick Viveret nous propose un REV, et avec toi Julien, nous lui avons adjoint 3 A.

Face à l'immensité de la métamorphose à accomplir, Patrick Viveret, philosophe du « *buen vivir* », cette philosophie quechua qui promeut le bien-être pour le bien-vivre, nous parle du trépied du REV. Le R pour Résistance créative, les fameux « *no pasaran* » et « *ya basta* » - dire non aux aliénations du monde. Le E pour Expérimentation anticipatrice, « soyez le changement que vous voulez voir dans le monde », comme le disait Gandhi dans sa version opérative. Le V pour Vision transformatrice. C'est ce qui nous occupe toi et moi au quotidien : quelles histoires pour aller où, ensemble ? Les utopies, les uchronies, ces horizons souhaitables, qui donnent le goût de futurs qui pourraient advenir avec une telle intensité qu'on a envie de les faire advenir sans attendre.

À l'occasion de notre rencontre dans la LabSession, on a eu envie de compléter cela à l'échelle d'un individu avec 3 A. Une invitation à **A**bandonner quelque chose que l'on faisait depuis toujours et qui n'a plus lieu d'être dans le monde que l'on veut voir advenir ici et maintenant. Un second A pour **A**méliorer une pratique que l'on faisait sans réfléchir et que l'on pourrait optimiser. Enfin un dernier A pour **A**dopter des nouveautés à tester dans son alimentation, sa mobilité, sa consommation au quotidien, son rapport au temps... et voir si cela nous plaît avec une philosophie qui déstresse tout le monde : **A**u pire, ç**A** m**A**rche !

• Julien • ***Ou comme le dit Patrick Viveret : « Il faut prendre nos rêves au sérieux et en faire des stratégies. »***

• Mathieu • Oui, il me semble que la folie a changé de camp. Aujourd'hui, les folles et les fous sont celles et ceux qui pensent que l'on peut continuer comme cela sans rien changer. Les alternatives sont autant de potentialités pour demain, une forêt qui pousse au milieu d'une forêt qui est en train de tomber. Mais à la lecture de l'histoire, autant biologique qu'anthropologique, c'est comme ça que cela a toujours fonctionné. Souvent dans les révolutions humaines, il y a trois stades : le premier, c'est quand une révolution apparaît, elle est d'abord tournée en ridicule. C'est ce qu'on voit quand on entend dire d'un utopiste qu'il est un bisounours. Le deuxième temps, c'est quand la révolution devient dangereuse pour le système qui alors essaye de vous éliminer. Puis vient le troisième temps : l'évidence. Aujourd'hui, il me semble que l'on est sorti de la phase hérétique à proposer d'autres possibles, pour rentrer dans la phase dangereuse où l'on nous attaque. « *Que ceux qui aiment la paix s'organisent aussi efficacement que ceux qui aiment la guerre* », invitait Martin Luther King. Dont acte.

• **Julien** • ***Donc finalement, voyager dans les futurs, ce n'est pas s'échapper du présent pour se réfugier dans une bulle ?***

• **Mathieu** • Le voyage dans le futur, comme tout voyage, a une vertu initiatique. Je ne sais plus quelle tradition de sagesse disait que le voyage est un retour vers l'essentiel, mais ce qui est intéressant pour moi dans le voyage, c'est l'étonnement du retour, quand les perspectives changent et que l'horizon se clarifie. Quand celle ou celui qui a osé en revient conspiratrice ou conspirateur positif, désireux de réhabiliter demain, convaincu que la dernière terre vierge qui nous reste à explorer ici et maintenant, c'est le futur.

Quand vous faites de la prospective, vous avez autant de scénarios que de gens pour les penser, mais on peut quand même en détacher quatre grandes tendances.

– La première c'est justement le scénario tendanciel : on part de l'existant pour le proroger (mobilité douce, *smart city*, télétravail, IA générative…). C'est la tendance du moment extrapolée à un plus grand nombre.

– Le deuxième scénario, c'est celui de la rupture. C'est le sujet de nombreuses conférences d'innovation comme les conférences TED qui présentent des signaux faibles ou autres technologies disruptives qui, si elles passent à l'échelle, auraient la capacité de tout changer.

– Le troisième scénario, c'est le scénario noir, le scénario catastrophe dont est très friand le monde de la science-fiction et d'une manière générale notre époque, *ad nauseam* parfois. Il y a cependant un intérêt à montrer là où il ne faut pas aller. Cela a un effet cathartique. Objectiver la peur, l'exprimer, la sortir de soi pour la relativiser, pour en faire le tour, c'est toujours mieux que de la conserver en soi et prendre le risque qu'elle nous ronge. Des scénarios de l'inacceptable qui, par défaut, nous indiquent des voies à ne pas suivre… Avec un danger : si l'on ne traverse pas le chaos, et que l'on s'en repaît, il se commue en une glu inextricable.

Puis il y a le scénario des futurs souhaitables. À la différence des trois précédents, qui partent de la situation existante pour l'extrapoler, le futur souhaitable fait le trajet inverse : il part de la destination où l'on souhaite arriver. L'exercice consiste alors à partager cette vision du futur que l'on appelle de nos vœux, comme s'il était déjà advenu, puis à revenir vers le présent en regardant tous les leviers à actionner jusqu'à ici et maintenant. On part de l'horizon, pas de l'existant, et ça change la posture. On ne se retrouve plus à être guidés par un héritage qui s'érode, mais par un désir qui nous anime. Et ce n'est pas un hasard d'ailleurs si le désir en français est l'inverse de la sidération.

• **Julien** • ***Comment dépasser la relation très linéaire que nous les Occidentaux entretenons avec le temps ? Et pourquoi est-ce important ?***

• **Mathieu** • Tu as bien raison de mettre en avant que, culturellement, l'appréhension du futur n'est pas la même partout sur le globe. Par exemple, les Japonais ne peuvent pas conjuguer au pluriel le mot futur. Alors que pour moi, mettre le futur au pluriel, c'est de l'autodéfense intellectuelle. En français, on a d'ailleurs la chance de bénéficier de deux mots pour un même sujet : « avenir » et « futur ». C'est assez rare dans le monde. Et ce qui est intéressant, c'est que le mot « avenir » a la même racine que le mot « aventure » et c'est quand même génial de se dire que demain est une aventure. D'ailleurs, c'est pour ça que j'ai arrêté de dire « bon courage » le matin, je préfère désormais dire « bonne aventure », augurant que la journée puisse être pleine de découvertes.

Mais pour revenir à ta question, c'est vrai que nous devons casser notre vision linéaire du temps. Et je constate deux choses. La première, c'est qu'avec la covid et sa grande expérience à l'échelle planétaire, un paradoxe universel s'est imposé à nous : il a été urgent de prendre le temps. Une pause imposée qui nous a finalement permis de faire un inventaire de l'essentiel. On a vu ce qui nous manquait. On a vu ce à quoi on aspirait.

La deuxième, c'est qu'il y a quand même une nouvelle forme intéressante qui est en train de se dégager: celle de la spirale ascendante. C'est-à-dire qu'on repasse par des chemins d'expériences, mais qu'on s'élève au fur et à mesure de ces passages. Plutôt que d'opposer la vision linéaire occidentale à la vision cyclique des pays asiatiques par exemple, la théorie de la spirale peut être un compromis universel assez joli pour progresser ensemble au prochain stade de notre humanité.

• **Julien** • ***Un dernier cadeau que tu veux nous faire?***

• **Mathieu** • Oui, j'ai envie de vous redire à quel point il me paraît important de formuler tout haut ses rêves. En France et dans le monde, on ne manque pas de solutions mais d'horizons. En prenant le temps de se choisir un horizon en conscience, on répond à cette impasse actuelle pourtant déjà décrite par Sénèque: «*Nul vent favorable pour celui qui ne sait où il va.*» Notre objectif, c'est de «grandir» en tant que civilisation pour arriver à nous mettre à la hauteur des enjeux de notre siècle pour passer à un autre stade d'évolution; et pour y arriver, à mon avis, un bon moyen c'est justement de «grand dire».

Magali Payen : De nouveaux récits pour la jeunesse

Experte en mobilisation citoyenne et fondatrice du mouvement On est prêt, Magali est coproductrice de la vidéo de diffusion de la pétition « L'Affaire du siècle ». Elle a récemment créé Imagine 2050, une société de production à impact et de conseil afin d'accompagner les leaders culturels à porter des récits « nouveau monde ».

• **Julien** • ***Tu es la fondatrice du mouvement On est prêt ! Mais on est prêt à quoi ?***

• **Magali** • On est prêt à transformer nos modes de vie pour être à la hauteur des enjeux écologiques et solidaires. Et nous y travaillons de deux manières : d'abord en participant à la création et la diffusion de nouveaux récits que j'appelle des utopies lucides. Puis On est prêt, c'est un écosystème qui a vocation à créer des passerelles entre plusieurs mondes qui n'ont pas l'habitude de se côtoyer et de se parler. Et notre grand enjeu actuellement, c'est de générer de l'intelligence collective, entre les sachants (experts, lanceurs d'alertes), les créatifs, et les faiseurs sur le terrain (ONG, activistes et entrepreneurs sociaux).

• **Julien** • ***Est-ce que tu peux nous expliquer le lien entre cette création de contenus et la transformation de nos modes de vie ?***

• **Magali** • Je pense vraiment qu'il faut combiner toutes les typologies d'actions, que ce soit la désobéissance civile, la politique, la transformation des entreprises ou bien le fait de faire rayonner à son échelle de nouveaux récits. Ce que j'ai constaté, c'est que les victoires politiques commençaient très souvent par des victoires culturelles. On se concentre beaucoup sur la politique, mais la politique a toujours besoin de temps pour agir. C'est un processus d'évolution très lourd. C'est un peu pareil pour celui des entreprises, même si elles sont plus rapides. J'ai donc l'impression que c'est en réalité beaucoup plus facile d'obtenir des victoires culturelles, à savoir des victoires dans les médias, comme on a par exemple pu le faire avec l'Affaire du siècle. Des campagnes comme celle-ci font bouger à une échelle nationale, voire internationale, les milieux politiques et économiques.

On a cruellement besoin de réinventer et je considère que les artistes et les médias ont une responsabilité à agir et à prendre part au grand débat du monde et à sa métamorphose. C'est par exemple le travail qu'on a mené avec *Plus belle la vie*. On les a accompagnés sur la construction de leur histoire, ce qu'on appelle une arche narrative. Une fois que les épisodes sur lesquels on a été impliqués ont commencé à être diffusés, on a ensuite proposé aux spectateurs et aux spectatrices une mobilisation dans la vie réelle pour pouvoir agir à côté de chez soi et concrétiser l'envie qu'ils ont pu ressentir en regardant la série.

Jouer sur les narratifs, c'est quand même le nerf de la guerre. C'est ce qui nous permet de diffuser des valeurs fortes qui nous tiennent à cœur. Et donc on a soufflé à l'oreille de l'équipe de scénaristes de *Plus belle la vie* l'histoire de Julia Hill, une Américaine qui a vécu deux ans dans un arbre aux États-Unis pour éviter qu'on coupe cet arbre et toute la forêt autour. L'idée leur a plu et un des personnages de la série, Lola, 17 ans, s'est retrouvée à faire la même chose : elle est allée habiter dans un arbre pour éviter qu'on rase une zone forestière pour construire un parking.

• Julien • ***Et j'ai l'impression que cette dynamique est en train de se diffuser au cinéma ou encore au monde de l'édition aussi, non ?***

• Magali • Oui, tu as raison, j'ai cette même impression. Il y a de plus en plus de films qui vont dans cette tendance de propositions d'alternative et de mise en avant de ces utopies à travers le cinéma.

Même Hollywood qui patine encore pas mal sur ces thématiques fait apparaître de plus en plus de grands méchants motivés par des enjeux écologiques.

On travaille aussi avec le milieu de l'édition pour proposer des romans destinés aux ados qui abordent ces questions ; on est prêt à sortir une collection jeunesse avec Glénat. On travaille avec des experts en amont pour que la problématique abordée le soit de manière pertinente et une fois que la lecture est terminée, on propose des pistes pour agir dans son quotidien. C'est en réalité particulièrement stratégique pour nous de nous adresser à la jeunesse puisqu'on a remarqué qu'il y avait un effet de « pédagogie inversée ». À partir du moment où les jeunes sont convaincus par quelque chose, ils vont en parler à leurs parents, à leurs grands-parents, à leurs profs. Et donc en fait, on va réussir à toucher les deux générations du dessus. Et aussi, pour cette jeunesse, c'est plus facile, parce qu'elle n'est pas encore formatée, elle n'a pas encore fait des choix de vie structurels et peut donc tout changer et choisir un mode de vie plus durable et engagé.

• **Julien** • ***Comment les artistes peuvent-ils contribuer à la prise de conscience écologique et surtout au passage à l'action ?***

• **Magali** • Personne ne maîtrise l'entièreté de ce qui va arriver une fois qu'on aura passé ces seuils qui n'ont jamais été franchis, ou en tout cas jamais aussi rapidement, à l'échelle du système Terre. Donc si on attend de savoir ce qui peut se passer dans le pire des cas pour agir, on sera tous morts. On ne peut donc pas attendre de se sentir parfaitement légitime d'un point de vue scientifique pour prendre la parole et pour agir. L'omniscience, ça n'existe pas. On est juste des humains avec toutes nos imperfections. Et donc on n'a pas d'autre choix que de se lancer, d'oser agir, d'oser inspirer les gens autour de soi.

Et j'ai quand même l'impression que le pouvoir de l'imagination et cette créativité sans limites qu'on a, à condition qu'on l'entraîne et qu'on l'utilise quotidiennement, c'est quelque chose qui, en l'occurrence, a un impact carbone très très faible, voire inexistant.

Donc ça serait dommage de s'en priver. Les artistes peuvent nous aider, grâce au pouvoir de leur inventivité, à nous donner à voir pourquoi nous avons tout intérêt à agir. Pourquoi nous serons plus heureux, plus alignés avec nos valeurs profondes dans un monde respectueux des lois du vivant.

• **Julien** • ***Et cette bataille des récits, elle doit se faire autant dans la vraie vie que sur les réseaux sociaux ?***

• **Magali** • En fait, aujourd'hui, si on veut toucher la jeunesse, il n'y a rien de mieux que de passer par les réseaux sociaux parce que les jeunes ne regardent plus la télé ou ne lisent plus les journaux. On n'a donc pas d'autres choix que d'utiliser Instagram ou TikTok pour s'adresser aux jeunes. Des jeunes qui ont tellement d'énergie et de leviers pour faire changer les choses.

Bien sûr qu'il faut impliquer les générations de nos parents et celle de nos grands-parents, mais ce sont bien les plus jeunes dans les familles qui sont les plus à même de les convaincre.

Et puis les réseaux sociaux peuvent être un formidable outil. Quand on y pense, ces dernières années il y a eu plusieurs révolutions qui sont nées grâce aux réseaux sociaux. En fait, il y a plein de révolutions qui ont pu commencer par les réseaux sociaux. Et même si on sait que ces réseaux sont faits pour capter notre attention, pour capter nos données afin de les revendre, je me dis que ces outils ont aussi la vertu de pouvoir créer du lien et de pouvoir faire en sorte que chacun se l'approprie et participe à son échelle. C'est ça qui me plaît avec On est prêt, on arrive à détourner les réseaux sociaux pour vraiment faire en sorte que les gens se connectent, pour vraiment avoir du poids ensemble..

• **Julien** • ***Et puis l'enjeu, ce n'est pas seulement de fédérer les gens, c'est aussi d'interconnecter nos luttes, non ?***

• **Magali** • C'est ce qu'on a essayé de mettre en place en amont de la Convention citoyenne pour le climat à l'époque où on a beaucoup travaillé à la convergence d'une partie des mouvements sociaux et écologiques. Ça nous semblait super important d'attirer l'attention sur le fait que la crise des gilets jaunes, ce n'était pas un problème d'essence, mais bien un problème de justice sociale. On voulait faire éclater au grand jour que c'était injuste de faire payer aux plus pauvres le coût de la transition écologique. On a vu de plus en plus d'engouements autour de ces questions parmi les Françaises et les Français, puis les médias s'y sont intéressés et le politique a suivi. C'est grâce à ce travail de convergence opéré que Cyril Dion et Mathilde Imer ont eu la possibilité de négocier avec Emmanuel Macron la mise en place d'une Convention citoyenne pour le climat.

Une belle avancée qui nous a permis de nous pencher sur les questions de démocratie. Encore un sujet pour lequel les enjeux sont énormes.

C'est pour ça qu'avec On est prêt, on veut aborder d'autres sujets que les questions écologiques. Et c'est d'ailleurs ce qu'on fait : on a pris la parole sur la justice sociale, on a pris la parole sur la démocratie, bientôt on abordera sans doute les questions de féminisme parce qu'on voit de plus en plus à quel point toutes les causes sont connectées. C'est pour ça qu'on dit de ces luttes qu'elles sont intersectionnelles.

Comme on l'entendait dans les manifestations : « On ne défend pas la nature, on est la nature qui se défend. » Cette nécessaire humilité qu'on doit remettre dans nos vies nous permettra de reprendre notre juste place parmi les vivants.

• **Julien** • ***Un dernier conseil pour les jeunes qui voudraient reprendre le pouvoir des utopies ?***

• **Magali** • Je suis assez frappée quand on dit que la jeunesse est triste, individualiste, violente, puérile ou encore complètement déconnectée des réalités. Je trouve que c'est tout le contraire : la jeunesse que je côtoie est créative, drôle, enthousiasmante, avec une capacité à dépasser tous ces clichés de races, de genres, de religions.

Ça fait du bien de voir à quel point c'est inné pour ces jeunes. Et c'est pour ça que c'est important de leur donner de la place pour pouvoir présenter leur vision du monde de demain.

J'ai la chance de côtoyer de nombreuses personnes dans de grandes entreprises, dans le milieu politique, et je dois vous avouer à quel point ils sont obsédés par la jeunesse. Je dirais plutôt qu'ils sont obsédés par ce que la jeunesse attend d'eux en tant que futurs électeurs, consommateurs... mais aussi pour continuer à regarder leurs enfants en face et être un « bon ancêtre ». C'est quelque chose qu'il faut crier haut et fort pour que la jeune génération réalise à quel point elle a un pouvoir phénoménal qu'elle ignore. Prenez la parole, dites ce que vous pensez, oser le dire, osez le rayonner, devenez le domino qui va faire tomber tous les autres.

NOS RÊVES POUR 2030

– L'utopie n'est plus une insulte, mais une arme de construction massive. Les utopistes ne sont plus moqués, mais respectés et même encouragés.
– Des temps sont créés et consacrés pour travailler la fibre utopiste des Françaises et des Français tout au long de la vie que ce soit à l'école, dans les clubs (d'écriture, de théâtre, de poésie, etc.), dans les bibliothèques, à la télévision, au travail, etc.
– Les Françaises et les Français regardent l'avenir avec enthousiasme et envie malgré les difficultés et les enjeux à venir.
– Les organisations publiques et privées connaissent et utilisent le pouvoir de projection utopiste. Leurs stratégies sont développées autour des nouvelles abondances qu'elles veulent défendre et déployer.
– Les ateliers et les podcasts 2030 Glorieuses sont devenus obsolètes. Notre approche pédagogique n'est plus nécessaire !

2

C'EST QUOI UN VOYAGE EN 2030 GLORIEUSES ?

L'ESSOR DE LA GALAXIE DES 2030 GLORIEUSES

Février 2020 – Lancement du podcast 2030 Glorieuses

« C'est la crise ! » Une phrase que nous avons toutes et tous entendue ces dernières années. En réalité, il faudrait plutôt dire « c'est un millefeuille de crises ». Crises sanitaires, crises géopolitiques, crises démocratiques, crises économiques, crises de sens, crises écologiques, bref, vous avez compris l'idée ! C'est avec cette frustration de sentir que nos vies étaient désormais dans un état de crise permanent qu'est née l'envie de sortir du présent pour s'extraire de cet état de sidération, qui non seulement ne fait du bien à personne, mais en réalité ne nous permet pas d'être dans les meilleures conditions pour pouvoir vraiment traiter les racines de ces événements catastrophiques. C'est comme ça qu'est né le podcast 2030 Glorieuses !

L'ACTION EST LE MEILLEUR REMÈDE CONTRE LE FATALISME.

En quatre saisons, le podcast a permis de donner la parole à plus d'une centaine de personnalités inspirantes qui montrent que le meilleur est à venir et, qu'en plus, il est déjà là ! Ces avant-gardistes participent au quotidien à la création d'une société plus égalitaire, plus durable et plus heureuse. Architecte *low-tech*, artisan *upcycleur*, data journaliste, boucher végétal... ils sont des milliers en France à agir concrètement pour montrer que l'action est le meilleur remède contre le fatalisme et que, si nous agissons avec ambition et amour, la décennie des 2030 Glorieuses est à portée de main.

Septembre 2020 – Premiers voyages en 2030 Glorieuses

À l'occasion d'une conférence sur le pouvoir de l'argent organisée à la librairie Raconte-moi la Terre à Lyon, la première tentative de « voyage en 2030 Glorieuses » est réalisée. À la fin de la conférence, les participants et les participantes sont invité·e·s à se projeter en 2030 Glorieuses pour raconter ensemble à quoi ressemble une relation apaisée et vertueuse vis-à-vis de l'argent. Ce premier essai riche confirme l'intérêt de discuter un sujet depuis un futur souhaitable pour se montrer encore plus ambitieux.

D'autres essais sont faits pour améliorer la phase de décollage et la phase d'atterrissage avec le public, mais la conviction est là : c'est en regardant notre présent depuis les futurs qu'on arrivera définitivement à le changer.

Mai 2021 – Financement participatif du 1er kit 2030 Glorieuses

En début d'année 2021, le projet d'atelier, qui s'appelle alors « Le guide des conversations utopiques », fait appel au grand public pour changer de dimension. Nous nous lançons donc un défi : financer sa première version grâce au mécanisme du *crowdfunding*. Notre rêve est grand : mettre au monde un outil beau, accessible et enthousiasmant pour qu'un maximum de personnes puissent organiser des voyages en 2030 Glorieuses en toute autonomie. Un groupe d'une trentaine de bêta-testeurs et testeuses est constitué pour nous faire des retours sur notre première version. Le déroulé pédagogique est affiné, les devis d'impression sont finalisés et le *crowdfunding* est lancé en mai sur la plateforme Zeste. Cette initiative est un succès qui montre que les citoyennes et les citoyens veulent rêver à un avenir meilleur : le projet est soutenu par 316 contributeurs et contributrices, et 600 impressions seront lancées. *Le Guide des conversations utopiques* est envoyé en septembre partout en France.

Mars 2022 – Un petit groupe de travail pour déployer les 2030 Glorieuses

Les personnes intéressées par l'outil des 2030 Glorieuses sont de plus en plus nombreuses et un groupe d'une demi-douzaine de personnes se constitue pour aider à améliorer le format tout en réfléchissant à son déploiement.

LES RÊVES SE VIVENT EN GRAND.

En parallèle, des voyages en 2030 Glorieuses sont organisés partout en France dans différents milieux : dans les écoles, les associations, les entreprises, les communes, etc. Les réactions des participants et des participantes sont toujours très positives et montrent que cet atelier vient répondre à un besoin réel. Le temps d'une conversation, les rêves se vivent en grand, les rires remplacent les doutes et l'avenir peut en réalité être un espace synonyme de « mieux ».

Au total, tout au long de l'année, plus de 50 voyages seront organisés et plus de 1500 personnes reprendront ensemble le pouvoir des imaginaires.

Février 2023 – Formation des premiers guides de voyage en 2030 Glorieuses

Les 2030 Glorieuses sont lancées une bonne fois pour toutes. Julien accueille Arthur Lanter pour renforcer l'équipe et l'aider à faire que l'atelier change de dimension. L'accent est mis en particulier sur la création d'un vrai parcours de formation pour les personnes qui souhaiteraient être « guides » pour faire voyager le plus grand nombre en 2030 Glorieuses. Les premières formations en ligne sont organisées par Arthur à partir du mois de février et leur succès est immédiat.

Les guides sont formés, outillés et mis en lien pour pouvoir partager leurs inspirations, leurs astuces, leurs retours d'expériences dans le souci de garantir une qualité de voyage optimale et une expérience toujours plus libératrice.

Des expérimentations sont réalisées partout en France, notamment en Bretagne où est créée la première communauté locale pour rassembler les guides et leur permettre de mieux s'ancrer sur leur territoire.

QUELQUES RÉPONSES AUX QUESTIONS QUE VOUS POURRIEZ VOUS POSER AVANT DE VOUS LANCER

1 – Est-on obligé de participer ou d'organiser un atelier officiel pour voyager en 2030 Glorieuses ?

Les 2030 Glorieuses sont un jeu de l'esprit qui peut prendre des formes diverses en fonction du besoin, du moment et des personnes qui s'en emparent. **Cela peut aussi bien être un « jeu » que l'on fait avec des amis à l'apéro qu'un atelier professionnel**. Avec ce livre, vous aurez toutes les notions de base pour voyager en 2030 Glorieuses dans le contexte qui vous conviendra le plus et qui vous permettra de vivre une expérience positive dans ces utopies vivantes que vous participerez à créer.

---

2 – À partir de quel âge peut-on participer à cet atelier ?

Cet atelier a été conçu pour être accessible **dès le lycée, voire le collège pour les jeunes les plus motivés**. Pour autant, si vous êtes avec des enfants de primaire et si vous les accompagnez tout au long de cet échange en décryptant les éléments un peu trop techniques, alors vous seriez surpris de voir leur influence sur les autres personnes qui auront plus naturellement tendance à laisser parler leur âme d'enfant. Il peut aussi arriver que certaines personnes âgées aient du mal à se projeter dans un futur lointain car elles se disent qu'elles ne seront sans doute plus là pour le voir. Vous pouvez alors contourner cet obstacle en indiquant que le voyage peut aussi se faire grâce à la téléportation immédiate ou bien que les historiens du futur se bagarrent encore pour savoir si finalement les 2030 Glorieuses n'auraient pas commencé en 2023 ou même en 2018. Bref, vous l'aurez compris, ce n'est pas une question de 2030 ni de 2035 mais bien de laisser libre cours à son imagination. Et c'est là tout l'objectif de cet atelier : remettre chacune et chacun dans une position de rêver un monde radicalement différent, puis montrer que les 2030 Glorieuses existent déjà tout autour de nous et que nous n'avons plus qu'à les faire changer d'échelle.

3 – Doit-on s'y connaître sur les sujets écologiques pour participer à cet atelier ?

Non, ce n'est pas nécessaire. Au contraire même. L'objectif de ce voyage est de vous (re)faire toucher du doigt le pouvoir des imaginaires. Et il peut être proposé à tout le monde dans beaucoup de contextes différents, que ce soit lors d'une soirée jeux entre copains, après un repas de famille, lors d'une réunion stratégique de son entreprise ou encore pendant une journée de sensibilisation organisée par une association locale. Laissez donc au repos votre partie du cerveau associée au raisonnement logique et rationnel et donnez plus de place à la partie de votre cerveau droit associé au caractère intuitif et émotionnel. Nous n'avons pas besoin de plus de scientifiques pour changer le monde, nous avons besoin de plus de personnes créatives à l'écoute de leur âme d'enfant.

4 – Combien de personnes peuvent participer à cet atelier en même temps ?

Chaque livre peut permettre de faire voyager un groupe de 10 personnes d'un coup. L'expérience nous a montré que l'idéal est d'avoir un groupe de **5 à 8 personnes**. Même si ce n'est pas une règle absolue, le fait d'être en dessous de quatre ne permet pas d'avoir une discussion aussi animée et nuancée. Au-dessus de huit voyageurs et voyageuses, on se rend compte que tout le monde ne peut participer autant qu'il ou elle le souhaiterait.

On peut bien sûr faire voyager plusieurs soucoupes volantes (des sous-groupes) en même temps. C'est même recommandé. Pour un voyage plus « officiel », la personne qui animera cette exploration des 2030 Glorieuses peut presque multiplier le nombre de sous-groupes (et donc de kits pédagogiques) à l'infini puisque chaque table sera autonome pendant le voyage. Il suffit d'avoir un micro et de bonnes enceintes au-dessus de 50 participants et participantes pour s'assurer que tout le monde entendra bien votre conclusion et l'atterrissage de fin. Pour autant, afin de garantir l'expérience la plus réussie possible, nous conseillons de faire en sorte d'avoir un animateur ou une animatrice pour une soixante de personnes de manière à pouvoir répondre facilement à toutes les sollicitations potentielles venant des soucoupes volantes.

---

5 – Je ne suis pas un expert des sujets écologiques, est-ce grave si je veux organiser et animer un atelier ?

Non, bien sûr, **tout le monde peut animer un voyage en 2030 Glorieuses**. L'apport de notions se fait directement grâce aux outils de l'atelier, notamment les cartes oracles, ne vous mettez donc pas la pression sur les choses que vous devez savoir absolument pour donner l'impression que vous vous y connaissez sur le sujet. Au contraire, n'hésitez pas à dire que vous ne savez pas tout et que le but de cet atelier est ailleurs. En effet, l'objectif de ce voyage en 2030 Glorieuses est de se redonner de la place et du temps pour s'autoriser à rêver. C'est la

L'OBJECTIF DE CE VOYAGE EN 2030 GLORIEUSES EST DE SE REDONNER DE LA PLACE ET DU TEMPS POUR S'AUTORISER À RÊVER.

condition *sine qua non* pour qu'un maximum de personnes osent se prononcer sur la société de demain, car nous sommes loin d'être tous et toutes des spécialistes.

Un conseil : prenez le parti dès le début de faire un pas de côté si vous sentez que la conversation devient trop technique. Utilisez l'humour, la dérision, surprenez les personnes qui participent à ce voyage avec une idée farfelue pour montrer que, pendant ces deux heures, c'est tout à fait acceptable (et même recherché) d'être utopiste, bisounours, rêveur et rêveuse, naïf et naïve.

6 – Est-ce contre-productif si j'ai déjà participé à d'autres ateliers sur les utopies ou liés aux questions écologiques ?

Pas de panique. **Ce format d'atelier est en réalité très complémentaire avec les autres outils et ateliers qui existent déjà** (comme les ateliers Futurs proches, le Match du siècle de Ticket for change ou la Fresque des nouveaux récits). Si vous avez déjà participé à une Fresque qui a pour objectif de permettre à chacun de comprendre le fonctionnement, l'ampleur et la complexité des enjeux liés à leur thématique comme la Fresque du climat (mais ça marche aussi pour la Fresque de la biodiversité, celle de l'océan, de la forêt, etc.), c'est encore mieux, car le voyage en 2030 Glorieuses permet de lever la tête et de voir tout ce qu'on a à gagner à changer nos habitudes.

7 – Existe-t-il une version courte de ce voyage en 2030 Glorieuses, car je n'ai pas deux heures pour animer l'atelier ?

C'est vrai que le format de deux heures est vraiment idéal pour laisser aux participantes et participants le temps de laisser libre cours à leur imagination. Cela étant dit, **un bon *teaser* d'une heure peut tout à fait fonctionner**. Vous pouvez par exemple distribuer les passeports des 2030 Glorieuses (les petits cartons de couleur bleue qui sont à détacher dans cet ouvrage) à chaque personne, et leur laisser faire un tour de table de présentation de qui ils et elles seront en 2030 Glorieuses puis distribuer directement les cartes oracles pour tenter de déterminer ensemble les trois mesures qui pourraient, si elles étaient largement appliquées, transformer le plus rapidement possible notre société actuelle.

---

8 – Existe-t-il une version anglaise de cet atelier ?

Oui, une version anglaise a été créée. Elle reste encore à peaufiner, mais n'hésitez pas à nous contacter sur www.2030glorieuses.org pour voir ensemble comment vous permettre de proposer un voyage en 2030 Glorieuses à un public anglophone.

---

9 – Est-il possible de personnaliser le contenu de l'atelier pour l'adapter au domaine d'activité de ma structure ou de l'événement hôte ?

Il est tout à fait possible d'**adapter le voyage en 2030 Glorieuses à la thématique qui vous est chère**. La première partie est basée sur des questions ouvertes qui sont donc facilement orientables dans le sens qui vous intéresse ; par exemple :

- **Comment avez-vous repris le contrôle de votre temps ?**
- **Quelle juste place avez-vous réussi à donner à l'argent dans votre vie ?**
- **Comment faites-vous pour mieux vous nourrir en conscience ?**

Pour la deuxième partie, vous pouvez tout à fait décider de ne distribuer que les cartes oracles qui concernent les sujets que vous voulez vraiment aborder avec les participants. Rien ne vous empêche non plus de **créer vos propres cartes oracle**s pour présenter des alternatives qui sont spécifiques à votre expertise et à vos intérêts (il y a une carte détachable prévue à cet effet dans l'ouvrage à titre d'exemple).

---

10 – Et après, comment continuer à reprendre le pouvoir des imaginaires ?

Voici quelques pistes pour continuer à voyager en 2030 Glorieuses après cet atelier...

– Luttez pour retrouver du temps ! Les écrans ont envahi nos vies. C'est en contrôlant notre temps passé sur notre smartphone, notre ordinateur et devant notre télévision que nous pourrons créer les conditions favorables à la réintégration des utopies dans nos vies..

– Créez un espace préférentiel de voyage en 2030 Glorieuses. Comme un prof de musique vous conseillerait de pratiquer plutôt quinze minutes par jour qu'une heure toutes les deux semaines, il est primordial pour vous d'identifier un lieu habituel de votre quotidien où vous vous adonnerez à ces voyages. Que ce soit les W.-C., votre voiture quand vous allez au boulot, la machine à café ou encore votre balcon en fin de journée pour profiter des derniers rayons du soleil, trouvez un lieu qui deviendra le point d'ancrage de vos explorations utopistes. Seul ou à plusieurs.

– Nourrissez votre imaginaire. Vos lectures, les films que vous regardez, les informations que vous suivez, etc. sont autant de briques avec lesquelles vous jouez au quotidien pour façonner votre réalité et un potentiel futur enthousiasmant. C'est donc une évidence d'avoir des éléments variés, nuancés, indépendants pour mettre toutes les chances de votre côté afin d'avoir des voyages utopistes riches et complexes. Loin des médias nationaux classiques traditionnellement alarmistes, il est nécessaire d'aller vers des médias qui mettent en avant des exemples enthousiasmants, des pratiques optimistes, mais aussi des rapports plus longuement étudiés qui traitent de l'état de notre planète et de notre société.

LE DÉROULÉ DU VOYAGE

EN 2030 GLORIEUSES

Ça y est, l'heure est venue pour vous d'organiser votre premier voyage en 2030 Glorieuses. Voici un récapitulatif détaillé des différents moments que vous ferez vivre aux voyageurs et aux voyageuses afin de vous donner une vision globale de cette expérience unique. Pour votre information, ce déroulé est résumé sur un outil détachable présent dans l'ouvrage qui regroupe les consignes - à bien avoir en tête pour vivre cette aventure dans les meilleures conditions (cadre à créer, les missions de l'animateur ou de l'animatrice ainsi que les différents *timings* à respecter). Vous pourrez vous servir de cette aide pendant l'animation de votre voyage de manière à ne rien oublier le jour J.

0 – Introduction (15 min environ)

C'est le moment de mettre tout le monde dans l'ambiance des 2030 Glorieuses. Un bon moyen de briser la glace est de raconter pourquoi ce concept des 2030 Glorieuses vous touche et pourquoi vous avez voulu animer ce temps de réappropriation des imaginaires. Si vous avez le temps (ou que vous ne vous sentez pas capable de bien expliquer le pouvoir des utopies), vous pouvez aussi lire le texte qui est dans l'encadré au centre du dépliant. C'est un beau rappel proposé par Sandrine Roudaut, et en plus c'est très bien dit !

Puis viendra le moment de poser le cadre de cette conversation à venir : écoute, bienveillance, créativité, encouragements, etc. L'idéal est de cocréer l'atmosphère de cet atelier avec les participants et les participantes pour mieux se l'approprier. Les futur·e·s voyageurs et voyageuses seront réparti·e·s en petits groupes (idéalement de 4 à 7 personnes, mais surtout pas plus de 10) avec une table à chaque fois et un kit des conversations utopiques au milieu de chaque groupe.

Enfin, n'hésitez pas à présenter rapidement les grandes étapes et les différents temps de l'échange qui va avoir lieu, à expliquer à quoi vont servir les outils sur les tables et à répondre aux premières questions s'il y en a.

1 – **Méditation** (5 min)

C'est parti, le voyage commence ! Ce moment est très important pour bien faire sentir aux participantes et aux participants que les 2030 Glorieuses sont là. Prenez le temps de créer un silence nécessaire. Demandez à ce que tout le monde ferme les yeux pour se connecter à sa « version en 2030 Glorieuses ». Vous pouvez utiliser des techniques de sophrologie (respiration ou visualisation) pour embarquer votre groupe avec vous selon vos compétences.

Si vous le souhaitez, pendant que les gens réfléchissent, vous pouvez montrer l'exemple en partageant qui vous êtes en 2030 Glorieuses, ce que vous faites, ce qui vous rend heureux, etc. Quand vous voyez que les conversations commencent par-ci par-là, alors il est temps de passer à l'étape suivante. Les protagonistes peuvent aussi s'aider des quatre questions proposées sur le passeport qui leur a été distribué au début du voyage.

2 – **Rencontre** (20 min)

Le temps du papotage fertile est venu. Les participantes et les participants se présentent dans leur « version 2030 Glorieuses ». C'est un moment clé pendant lequel les personnes prennent confiance, s'amusent, voient les autres se prêter au jeu.

---

3 – **Discussion** (30 min)

Viennent ensuite les questions un peu plus spécifiques (qui sont présentes directement sur le dépliant détachable dans cet ouvrage) qui permettront d'approfondir et d'alimenter la conversation.

Votre rôle sera de vous balader entre les différents groupes et de laisser traîner vos oreilles pour rebondir sur une idée, compléter un concept avec un exemple, proposer une sous-question si vous voyez que le silence se fait un peu trop long. Veillez également à ce que le rythme des échanges soit bien respecté, en vous reportant au déroulé prévu initialement. Pour aider chaque groupe à avancer selon le bon tempo, vous pouvez indiquer le nombre de minutes approximatives à dédier à chaque question ou l'heure précise à laquelle le groupe doit être en train de traiter la dernière question de cette partie de libération des imaginaires.

L'objectif de ce temps d'échange est que les voyageurs et les voyageuses prennent du plaisir à laisser de la place à la part utopiste qu'ils et elles ont à l'intérieur. L'objectif n'est pas de corriger les propos en fonction de ce qui vous semble pertinent, mais bien d'accompagner à oser. Si vous entendez les sous-groupes rire aux éclats, c'est bon signe !

---

4 – **Débat** (30 min)

Il est temps d'apporter des éléments concrets à ce voyage en 2030 Glorieuses. Si vous animez un voyage avec un ou quelques

IL N'Y A PEUT-ÊTRE PAS TANT DE CHOSES QUE ÇA À INVENTER POUR VIVRE DE MANIÈRE DURABLE ET SOLIDAIRE SUR CETTE PLANÈTE DANS LES ANNÉES À VENIR.

sous-groupes, vous pouvez prendre le temps de donner les consignes à chaque équipe concernant l'utilisation des cartes oracles (cf. p. XX). S'il y a beaucoup de participants et de participantes, il va falloir reprendre l'attention de tout le monde. Ce moment est en général très apprécié par l'assemblée, car c'est l'occasion de confronter ses idées, ses rêves préalablement partagés dans la conversation qui vient de se terminer avec des alternatives qui existent partout dans le monde et qui ont prouvé leur efficacité.

Les 2030 Glorieuses existent et elles sont déjà en réalité tout autour de nous. À vous de bien insister sur la notion que finalement il n'y a peut-être pas tant de choses que ça à inventer pour vivre de manière durable et solidaire sur cette planète dans les années à venir. Si nous n'avons pas besoin de tout « sortir de notre chapeau », nous avons par contre la responsabilité de faire preuve de conviction et de ruse pour que ces expérimentations déjà existantes changent d'échelle et se déploient partout en France. C'est ce que vous demanderez aux voyageurs et aux voyageuses : de faire preuve d'un esprit planificateur et stratège pour nous permettre d'être (enfin) à la hauteur des enjeux de notre siècle.

Ensuite, vous demanderez à chaque groupe de se répartir les cartes oracles au hasard en fonction du nombre de protagonistes. Laissez cinq minutes à chaque personne pour découvrir les alternatives présentées sur sa carte oracle et l'objectif sera ensuite de faire un tour de table pendant lequel chaque participant et chaque participante présentera au groupe l'initiative, l'exemple qui lui semble le plus transformateur, le plus fort, le plus percutant, le plus vertueux, tiré de sa carte oracle. Une fois le tour de table des bonnes idées réalisé, chaque sous-groupe devra débattre et s'accorder sur les trois alternatives les plus déterminantes parmi toutes celles qui ont été présentées pour répondre à cette question : « Quelles sont les trois initiatives qui devraient être mises en place partout en France (et dans le monde) dès aujourd'hui pour faire bouger les choses à très grande échelle et à la hauteur des enjeux ? »

5 – **Action** (15 min)

Si vous n'êtes pas trop en retard sur le tempo prévu au début de l'atelier, prenez trois minutes pour un nouveau temps d'introspection en silence. C'est l'occasion de se rendre compte à quel point ce voyage en 2030 Glorieuses est passé vite et qu'il a fait énormément de bien puisque les participants et les participantes se sentent en général bien plus motivé·e·s qu'au début de l'atelier. Chacun pourra prendre le temps pour répondre aux deux questions présentes au dos du passeport individuel distribué au début du voyage. C'est une manière de laisser une trace et de fixer un cap pour que chacun et chacune suive ses 2030 Glorieuses. Les participants et les participantes peuvent échanger dans chaque sous-groupe sur les actions qu'ils s'engagent à mettre en place sans attendre pour faire en sorte que les 2030 Glorieuses adviennent le plus rapidement possible.

6 – **Conclusion** (5 min ou plus si possible)

Gardez idéalement une quinzaine de minutes à la fin du voyage pour faire un débriefing collectif. Dans l'éventualité où il y aurait plusieurs tables, vous pouvez demander à chaque petit groupe de partager rapidement ce qui lui a plu dans cet exercice et de donner son top 3 des alternatives les plus vertueuses à mettre en place sans tarder et éventuellement discuter de la façon dont chacun et chacune peut s'impliquer dans ces propositions, même à une échelle individuelle.

Si les participants et les participantes sont issu·e·s d'une même organisation ou d'une même école et qu'ils et elles vont se recroiser souvent, vous pouvez mettre en place un tirage au sort rapide par soucoupe volante : tous les prénoms sont mis dans un chapeau pour que chaque personne du sous-groupe tire le nom d'un autre voyageur ou d'une autre voyageuse. L'objectif sera de suivre les utopies de cette personne pendant un mois, de prendre des nouvelles de sa manière de déployer ses 2030 Glorieuses, de lui suggérer des lectures ou des interviews à consulter, etc.

Prenez aussi un moment pour rappeler que cet atelier est issu de la galaxie des 2030 Glorieuses et que les participants et les participantes peuvent continuer leur voyage individuellement avec le podcast et le livre du même nom et que toutes les informations sont sur le site www.2030glorieuses.org.

Invitez également les participants et les participantes qui le souhaiteraient à devenir animateurs ou animatrices d'un voyage en 2030 Glorieuses en commençant par exemple par acquérir cet ouvrage. Des formations en ligne régulières sont proposées pour qu'un maximum de personnes puissent à leur tour faire vivre le pouvoir des 2030 Glorieuses à leurs proches, leurs collègues de travail, dans leur association, leur commune, leur école, etc. Là encore, toutes les informations sont sur le site www.2030glorieuses.org.

CES UTOPIES NE SONT PAS UNE BULLE POUR FUIR LE PRÉSENT, MAIS BIEN UN CAP POUR LE TRANSFORMER AVEC AMBITION.

Enfin, n'oubliez pas de clôturer en ouvrant la porte en grand vers les utopies. Ce voyage en 2030 Glorieuses n'est qu'un aperçu et il sera vraiment efficace si les participants et les participantes prennent l'habitude d'explorer régulièrement les 2030 Glorieuses. Et c'est ça qui est génial, les 2030 Glorieuses sont partout, dès le moment où on le décide : dans les toilettes, la voiture, devant la machine à café, autour d'une bonne bière. Bref, vous avez compris l'idée. Ces utopies ne sont pas une bulle pour fuir le présent, mais bien un cap pour le transformer avec ambition. Il faut donc constamment le réadapter et ne pas le perdre du regard pour s'assurer d'être dans la bonne direction.

LES BÉNÉFICES DES VOYAGES

EN 2030 GLORIEUSES

Cet atelier a été construit pour faire face à plusieurs limites et blocages de notre époque dont voici une présentation afin que vous puissiez les avoir bien en tête au moment de faire vivre cette expérience.

Entraîner son « muscle utopiste »

Depuis quand dire d'une personne qu'elle est un « un bisounours » revient-il à la critiquer négativement, comme si le fait de rêver du meilleur était forcément un trait de caractère lié à la faiblesse, à la folie ou à l'irréalisme ? Thomas Bouchet fait le même constat dans son livre Utopie publié chez Anamosa en 2021 : « *Dans cette perspective, celles et ceux qui tiennent pour réalisable l'irréalisable, et qui s'affranchissent d'un réel imposé pour croire à leurs rêves sont le plus souvent qualifiés d'utopistes par les prétendus réalistes. C'est-à-dire (et ici les équivalents se bousculent, dans tous les styles) des naïfs, des abrutis, des nigauds, des ravis de la crèche, des songe-creux, des tireurs de plans sur la comète. De candides habitants du "pays des Bisounours".* »

Si j'avais gagné 1 euro à chaque fois qu'on m'avait « traité de bisounours », je serais riche à l'heure qu'il est ! L'insulte préférée de celles et ceux qui veulent décrédibiliser des propos présentant

SI J'AVAIS GAGNÉ 1 EURO À CHAQUE FOIS QU'ON M'AVAIT « TRAITÉ DE BISOUNOURS », JE SERAIS RICHE À L'HEURE QU'IL EST !

des alternatives à notre modèle libéral. Mais aussi une manière de porter atteinte à une volonté de construire quand d'autres préfèrent consacrer leur énergie à détruire.

Et c'est sans doute l'un des plus grands pièges dans lequel, nous les Français et les Françaises, nous sommes laissé·e·s enfermer : celui de penser que rêver à un monde meilleur idéalisé serait de ne faire preuve d'aucun lien avec la réalité et donc de ne pas avoir de crédibilité au moment de vouloir la transformer. Alors que c'est justement ce dont nous avons besoin. C'est en nous autorisant à rêver que nous nous mettrons enfin à la hauteur des enjeux de notre siècle.

La bonne nouvelle, c'est que rêver d'un monde meilleur et développer ses propres utopies ne s'acquiert pas en faisant des études. Car l'utopie n'est pas un savoir mais un muscle, un trait de caractère propre à l'humanité tout entière que nous avons toutes et tous largement utilisé quand nous étions enfants. Il n'y a qu'à nous remettre dans le même état d'esprit que celui dans lequel on était au moment de jouer à « Quand je serai grand… » pour nous rendre compte que nous sommes toutes et tous des utopistes que nous ignorons !

L'utopie ne s'apprend donc pas, elle se travaille. Comme un athlète qui va sur son terrain de jeu pour progresser physiquement et techniquement, les utopistes en nous ont besoin de rêver régulièrement pour améliorer nos capacités à nous projeter dans des mondes souhaitables toujours plus vivifiants. Une excellente manière pour développer de l'aisance, de la nuance, mais aussi de la malice afin de prendre toujours plus de plaisir à laisser toute la place à notre enfant intérieur dont le monde a tellement besoin.

Vivre la force du collectif

Et c'est sans doute l'un des messages à faire entendre à toutes les personnes qui voyageront en 2030 Glorieuses : il y aura de la place pour tout le monde. C'est d'ailleurs l'une des meilleures raisons de souhaiter l'avènement d'un nouveau modèle de vivre-ensemble. Au lieu d'une nouvelle voie toute tracée où l'individu n'a d'autre choix que de suivre sous peine de s'isoler, la société de demain sera permaculturelle, c'est-à-dire que comme l'agriculture, elle œuvrera à prendre soin de la Terre, à prendre soin des humains et à partager équitablement. Chacun aura le loisir de s'y épanouir selon ses envies, ses talents, ses passions ou encore ses besoins profonds.

IL Y AURA DE LA PLACE POUR TOUT LE MONDE.

Et ça commence par se libérer de croyances archaïques qui tendent à nous convaincre que nul ne peut s'affirmer sans violence, physique ou symbolique, que l'intelligence émotionnelle ne réussira jamais, *in fine*, à rassembler les humains dans les moments de grandes tensions, que l'agressivité protège et que les plus « forts » gagnent. C'est un des objectifs de cet exercice de projection utopiste : faire vivre la force du collectif. Prouver que l'exercice d'imagination est d'autant plus puissant qu'il est vécu avec d'autres. Pour finalement réaliser que le futur sera plus vivant s'il est collectif.

La coopération est une de nos plus grandes forces ! Et coopérer, ça s'apprend, ça se travaille, ça se souhaite. Comment espérer travailler avec des personnes différentes de nous si nous restons chacun dans nos bulles respectives, persuadés de détenir la vérité ? Nous avons besoin de retrouver des prétextes pour parler d'enjeux profonds avec des personnes qui ne sont pas de notre milieu. Nous avons besoin d'épaissir nos convictions en les partageant avec d'autres points de vue. Nous avons besoin de voir que, malgré certaines différences fondamentales avec d'autres êtres humains, nous sommes en réalité très proches sur des sujets primordiaux.

C'est à cette condition que les 2030 Glorieuses deviendront enfin la norme : quand nous verrons l'autre comme une richesse plutôt que comme une menace. C'est grâce à ce goût de la conversation enrichissante que nous retrouverons l'un de nos plus grands pouvoirs : celui de l'interdépendance. Avec les autres êtres humains d'abord, puis évidemment avec tout le reste du vivant.

Prendre plaisir à jouer sérieusement

Gabriel Balbo est psychanalyste, directeur de publication du *Journal français de psychiatrie*. Il nous dit : « On oublie trop souvent que, tout au long de l'histoire de l'humanité, jouer a été considéré comme une activité si sérieuse qu'elle était réservée aux adultes ! Les historiens qui ont étudié l'évolution du jeu affirment que l'esprit ludique est l'un des ressorts principaux, pour les sociétés, des plus hautes manifestations de leur culture ; et pour les individus, de leur progrès intellectuel. »

Le jeu est un besoin clé pour la santé mentale et la créativité. Selon les experts, chez les enfants, il est fondamental pour l'affirmation de soi, car c'est un moyen de structuration de la personnalité, de découverte des autres, d'apprentissage de la vie, de développement des facultés d'imagination, de logique ou encore d'adresse physique. Et pourtant, lors du passage à l'âge adulte, nous perdons les occasions de jouer. Au point que le jeu soit même parfois décrié et classé au rang des activités enfantines et donc futiles, alors que cette pratique est plus que nécessaire pour poursuivre l'apprentissage dans la joie et continuer à grandir, tant sur le plan individuel que sur le plan collectif.

C'est donc un des buts de cet atelier : favoriser l'apprentissage de nouveaux éléments complexes à travers une expérience ludique et amusante. Le jeu permet de s'oublier (et de mettre le temps de l'exercice de côté ses contraintes, ses urgences, ses peurs, etc.). C'est cet « oubli de soi », associé au plaisir de participer à une expérience unique qui donne la possibilité de se dépasser et de se montrer plus créatif que ce que l'on aurait imaginé.

Pour traiter de sujets aussi graves que les questions écologiques, géopolitiques ou encore solidaires, il est donc urgent de jouer sérieusement. Au regard des échecs des organisations internationales des dernières décennies, de l'immobilisme d'une humanité toujours plus individualiste et du caractère de plus en plus austère et standardisé de nos lieux de vie, il apparaît urgent de changer de stratégie pour enfin prendre le problème à bras-le-corps.

Et plutôt que de s'amuser pour continuer à détourner le regard, il est grand temps de jouer pour oser affronter la réalité en face. Jouer pour revenir à qui nous sommes profondément, à notre « enfant intérieur » qui fait office de véritable boussole individuelle. Selon les thérapeutes, cette notion représente notre partie sensible, vulnérable, régie par les émotions. C'est ce que nous sommes pendant l'enfance, notre noyau, notre personnalité naturelle riche de tous nos talents, de notre intuition et, surtout, de notre imagination. Être à l'écoute de l'enfant qui n'a jamais cessé d'exister en nous est une nécessité vitale qui nous permettra de renouer avec nos émotions profondes, mais aussi avec nos intuitions et la spontanéité nécessaire pour trouver les solutions dont nous avons besoin au XXIe siècle – là où nous avons trop laissé faire les adultes, enfermés dans leur mental, leurs peurs et leurs *a priori*.

Se rendre compte que tout est déjà là

LES MONDES DE DEMAIN SONT DÉJÀ LÀ, TOUT AUTOUR DE NOUS.

Plutôt que de continuer à croire que nous avons besoin d'inventer le monde de demain, il est temps de se rendre compte que les mondes de demain sont déjà là, tout autour de nous. Notre enjeu n'est donc pas de continuer à créer de nouvelles formes de vivre-ensemble, mais bien d'identifier celles qui existent déjà et qui fonctionnent pour ensuite les faire connaître au plus grand nombre. Le vrai travail sera ensuite d'adapter ces bonnes pratiques et ces nouveaux modèles à chaque territoire, à chaque communauté, en fonction de ses besoins, de ses talents, de ses spécificités, de son histoire, de ses ressources, etc.

Nous avons besoin de nous désincarcérer de ce mythe de la société «*smart*» tout entière tournée autour des innovations high-tech. Ces innovations ne répondent pas à nos besoins de base et elles ne font de bien à personne. Peut-être devrons-nous continuer à en utiliser quelques-unes pour optimiser certaines de nos tâches, mais c'est bien en considérant la technologie et l'innovation comme un moyen plutôt que comme une fin que nous arriverons à sortir de cette «techno-fascination» qui est en train de nous faire foncer droit dans le mur.

La bonne nouvelle, c'est que vivre en 2030 Glorieuses, de manière véritablement durable et solidaire, ne veut pas du tout dire que nous allons devoir vivre comme des amish. L'image du retour en arrière terne et rigoriste est à l'opposé de nos modes de vie en 2030 Glorieuses. Pour cela, il convient de se rendre compte de toutes les expérimentations qui ont déjà lieu partout sur le territoire et qui donnent à voir une vie riche, amusante, foisonnante, incarnée par tout un tas de Françaises et de Français qui vivent déjà leurs utopies. C'est d'ailleurs un fil conducteur chez les utopistes: la joie, la passion, le côté profondément vivant!

En sortant de l'atelier 2030 Glorieuses, les participants et les participantes se rendent compte que finalement, parmi tous les exemples de ce qui va se normaliser en 2030 Glorieuses, les choses paraissent à la fois très lointaines et pourtant tout à fait accessibles parce que ces initiatives tiennent du bon sens. Et c'est rassurant de se dire que si d'autres personnes le font déjà, alors tout le monde peut s'y mettre. Sans attendre qu'elles le fassent par la contrainte, mais plutôt en leur donnant envie de le faire.

LE RÉCAPITULATIF DE TOUS LES OUTILS DÉTACHABLES POUR VOYAGER EN 2030

– Un passeport distribué par personne avec des questions pour aider à découvrir qui vous êtes en 2030 Glorieuses et des engagements à prendre en fin d'atelier.
– Un dépliant pour guider la conversation et donner un repère visuel sur les différentes étapes par lesquelles vous allez passer.
– Des consignes pour suivre le bon déroulé du voyage et répartir les différentes responsabilités pour vivre un voyage réussi.
– Des cartons jaunes pour fluidifier la conversation et apporter un peu de légèreté à vos échanges tout en faisant remarquer aux pessimistes, aux bavards et aux nostalgiques qu'ils peuvent changer de disque le temps d'une conversation.
– Des cartes oracles pour vous donner à voir à quoi pourraient ressembler les 2030 Glorieuses dans toutes les facettes de nos vies. C'est beau, c'est riche et en plus on part d'exemples qui n'ont pas attendu qu'on arrive en 2030 pour exister.
– Une carte défis distribuée par personne pour qu'on ressorte de ce voyage avec de nombreuses idées pour agir, s'informer et faire voyager d'autres membres de son entourage en 2030 Glorieuses.

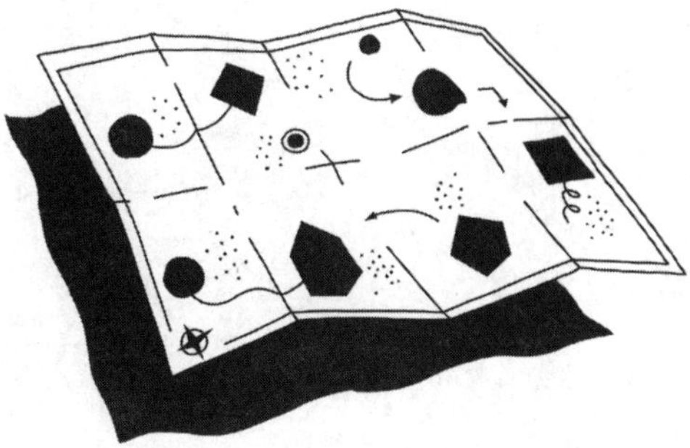

3

UNE VISION DES 2030 GLORIEUSES : LES CARTES ORACLES

Les cartes oracles
2030 Glorieuses
révolution
délicieuse
L'agroécologie

L'AGROÉCOLOGIE

→ **Les denrées alimentaires importées font le voyage à la voile.** Fondé en Bretagne à Morlaix par deux frères jumeaux, experts en énergies renouvelables, Grain de Sail a vu le jour en 2010. L'entreprise est lancée sur l'idée de sélectionner, de produire et de vendre des produits qualitatifs à haute valeur ajoutée dans le but de financer la construction d'un voilier cargo capable de transporter les matières premières d'un côté à l'autre de l'Atlantique de manière plus respectueuse de l'environnement. Le premier voilier de 24 m a une capacité de charge de 50 tonnes. Il fait les traversées depuis novembre 2020. La livraison du *Grain de Sail 2*, pur voilier de charge de plus de 350 tonnes de capacité d'emport, est prévue pour fin 2023. *Plus d'infos ici : www.graindesail.com.*

→ **Les agriculteurs utilisant les principes d'agroécologie et de permaculture deviennent la norme.** C'est notamment ce que propose Terre & Humanisme qui partage, transmet et soutient une agriculture écologique, humaine et solidaire. Mais qu'est-ce que l'agroécologie ? Contrairement à l'agriculture biologique, l'agroécologie n'est définie par aucun cahier des charges, il n'est donc pas évident de définir quelle ferme est agroécologique et quelle ferme ne l'est pas. Fermes d'Avenir veut entendre par « agroécologique », tout modèle de ferme ou de système alimentaire territorial qui permet à la fois de répondre aux défis sociaux, économiques et environnementaux liés à l'alimentation et l'agriculture. *Plus d'infos ici : www.terre-humanisme.org.*

→ **Créer une force d'intervention mondiale pour lutter contre les bateaux pirates qui pratiquent la surpêche.** Un poisson sur quatre est pêché illégalement dans les eaux de l'Afrique de l'Est. Ces activités hors la loi coûtent aux pays africains des milliards de dollars, elles épuisent les réserves de poissons et nuisent aux fragiles écosystèmes marins. La « pêche pirate » a poussé sept pays - les Comores, le Kenya, Madagascar, l'île Maurice, le Mozambique, les Seychelles et la Tanzanie - à unir leurs forces en 2013 au sein d'une initiative révolutionnaire appelée FISH-i Africa. Le groupe piste par satellite la pêche illégale, non réglementée et non déclarée. La Somalie, qui a rallié le partenariat en 2015, en est désormais le 8e pays membre. *Plus d'infos ici: www.stopillegalfishing.com/initiatives/fish-i-africa/.*

→ **L'empreinte carbone des aliments est systématiquement affichée.** Les leviers d'action pour réduire les impacts environnementaux des secteurs de l'agriculture et de l'alimentation sont multiples et reposent à la fois sur des transformations dans les modes de production et sur des évolutions des consommations alimentaires. D'autant que l'alimentation est responsable de 30 % des émissions de gaz à effet de serre de la planète. En s'inspirant du Nutri-Score, l'Ademe, accompagnée de plusieurs organisations, planche sur plusieurs pistes pour afficher l'empreinte carbone des aliments, comme le PlanetScore, l'Éco-score, ou encore la Note Globale.

→ **Les épiceries et les supermarchés ont tous adopté le principe du vrac.** Réseau Vrac est une association interprofessionnelle de loi 1901, créée en 2016, qui a pour objectif de démocratiser le vrac afin d'offrir une consommation plus durable et responsable. En 2023, le réseau était composé de 1500 professionnels francophones de la filière vrac répartis dans 14 pays. *Plus d'infos ici: www.reseauvrac.org/.*

→ **Instauration d'une taxe sur la malbouffe.** Deux pays ont expérimenté une taxe sur la *junk food*: la Hongrie et le Mexique. En 2011, Budapest a instauré une taxe de 4 % sur les aliments et les boissons contenant une forte teneur en sel et en sucre: soda, bonbons, biscuits apéritifs, confitures, condiments... le tout accompagné d'une campagne explicative. Puis, en 2013, c'est Mexico qui a voté une taxe de 8 % sur les snacks, les sucreries, le beurre de cacahuète et les produits « non essentiels » à base de céréales, qui dépassent la « densité calorique » de 275 calories pour 100 grammes. Est-ce que ça marche ? D'après l'Organisation mondiale de la santé (OMS), la consommation de *junk food* a baissé en Hongrie, car les consommateurs choisissent d'opter pour des produits moins chers et souvent plus sains (dans 7 à 16 % des cas), ou parce qu'ils décident de consommer moins (en quantité) de produits non sains (pour 5 à 16 % des clients). Mieux encore: 40 %

des industriels auraient fait évoluer leurs recettes pour éviter les taxes. Même constat au Mexique, où la consommation de *junk food* a baissé de 7 % depuis l'instauration de la mesure.

→ **Interdiction d'importer des produits cultivés sur des terres déboisées.** La protection des forêts est essentielle pour lutter contre le changement climatique ; pourtant la déforestation représente 11 % des émissions mondiales de gaz à effet de serre. La grande majorité (80 %) est causée par la production de produits agricoles et la plupart des coupes (jusqu'à 90 % dans certains pays) sont illégales. L'Union européenne vient d'instaurer une nouvelle loi visant à lutter contre la déforestation illégale et à protéger les forêts tropicales fermant le marché continental aux produits fabriqués via de la déforestation. Les nouvelles règles s'appliquent au soja, au bois, au cacao, au café, à l'huile de palme et au bœuf, ainsi qu'à certains produits dérivés comme le cuir et l'ameublement. Les entreprises doivent désormais tracer leurs chaînes d'approvisionnement pour éliminer les risques sous peine d'amende.

→ **Généralisation du compostage par les collectivités territoriales.** Dans de nombreux pays d'Europe (Allemagne, Suisse, Autriche, Italie, Espagne, Belgique...), la valorisation organique s'est développée à partir des biodéchets collectés sélectivement depuis une dizaine d'années. Les biodéchets représentent encore un tiers du contenu de la poubelle résiduelle des Français, c'est-à-dire un tiers des déchets qui ne sont pas triés par les ménages. La loi française prévoit que tous les particuliers disposent d'une solution pratique de tri à la source de leurs biodéchets dès le 1er janvier 2024. *Plus d'infos ici : www.ecologie.gouv.fr/biodechets.*

→ **Développer les ceintures agroécologiques autour des villes.** Une ceinture alimentaire est un projet d'organisation territoriale développant des rapports de production, transformation, distribution et consommation en circuit court, de sorte que la population locale concernée atteigne progressivement la souveraineté alimentaire. En Belgique, la Ceinture Aliment-Terre liégeoise (CATL) est un bel exemple de mobilisation des forces vives de la région liégeoise en faveur du développement d'une filière alimentaire courte, écologique et génératrice d'emplois de qualité.

Les cartes oracles
2030 Glorieuses
hâtons-nous
lentement
La mobilité active

LA MOBILITÉ ACTIVE

→ **Redévelopper les lignes de train de proximité.** 90 % des Français résident à moins de 10 km d'une gare, 55 % de celles-ci ne sont pas ouvertes au transport des voyageurs. C'est pour remédier à cela que la coopérative ferroviaire Railcoop a décidé de saisir l'opportunité de l'ouverture du réseau ferroviaire à la concurrence pour impliquer citoyens, cheminots, entreprises et collectivités dans la mise en place de nouveaux modèles économiques et technologiques qui pourront permettre d'accroître ce mode de transport à l'échelle nationale. Railcoop développe une mobilité longue distance en s'attaquant à la ligne Bordeaux-Lyon. Se succéderont celles reliant les villes de Toulouse et Rennes ainsi que Lyon-Thionville, et ce, sans l'installation de nouveaux rails. *Plus d'infos ici : www.railcoop.fr.*

→ **Interdire les centres-villes aux voitures.** En France, l'idée fait son chemin. Depuis 2020, plusieurs grandes villes comme Lyon, Bordeaux, Paris ou encore Toulouse, lancent des zones d'expérimentations sans voitures pour désengorger les centres-villes. Mais des villes sont allées plus loin. C'est le cas de la ville de Pontevedra, en Espagne qui apparaît comme le paradis des piétons. En effet, en vingt ans, la ville de 83 000 habitants a réduit son trafic automobile de 90 %. Les résultats sont saisissants : les rues sont plus apaisées, les enfants peuvent y jouer en toute sécurité, et il n'y a pas eu un seul mort sur la route depuis neuf ans.

→ **Augmenter les pistes cyclables.** 8 % des citoyens de l'Union européenne utilisent le vélo comme mode principal pour leurs déplacements quotidiens. La proportion atteint 36 % aux Pays-Bas, 23 % au Danemark, 22 % en Hongrie, mais seulement 1 % à Chypre ou au Portugal. La France, avec 4 %, est 19e. Avec ses 600 km de pistes cyclables réparties sur toute l'agglomération, Strasbourg est la première ville cyclable de France et la quatrième d'Europe. La ville est pionnière en matière de déplacement

« actif » (marche, vélo…), fait fréquemment référence et encourage l'abandon de la voiture au centre-ville et dans ses quartiers.

→ **Favoriser le partage des vélos cargos comme le fait la Métropole de Lyon.** Le vélo cargo répond à une multiplicité de besoins (se déplacer avec des enfants, faire des courses, déménager de petits meubles, etc.) et la Métropole de Lyon a mis en place un service expérimental de vélos cargos à assistance électrique en libre-service nommé CargoVélo'v. C'est une première en France et louer un cargo sera possible pour les Lyonnais et les Villeurbannais pour moins de 5 € l'heure.

→ **Créer les conditions d'un retour fort à l'usage des transports en commun.** Les Allemands peuvent se procurer depuis avril 2023 un Deutschlandticket leur permettant de voyager sur l'ensemble du réseau de transport urbain et régional. Ce D-Ticket donnera accès aux bus, métros, tramways et trains de manière illimitée, le tout pour un abonnement lancé au prix de 49 euros par mois et résiliable à tout moment. Seuls les trains de longue distance, équivalents de nos TGV français, ne sont aujourd'hui pas couverts par l'offre.

→ **500 000 vols distribués par une loterie nationale chaque année d'ici à 2030.** Dans un rapport publié en décembre 2018, le cabinet BL évolution a mis en lumière l'ampleur des mesures à mettre en place pour s'aligner sur une trajectoire compatible avec les 1,5 °C en France, en s'appuyant sur le scénario proposé par le Groupe d'experts intergouvernemental sur l'évolution du climat (GIEC) d'octobre 2018. Concernant l'aviation, le cabinet recommande notamment de supprimer les vols intérieurs disposant d'une alternative par la route ou le train, ou d'une loterie nationale qui distribuerait chaque année 500 000 vols. *Plus d'infos ici : www.bl-evolution.com/publication/comment-saligner-sur-une-trajectoire-compatible-avec-les-15c/.*

→ **Favoriser la production de voitures plus légères.** Réduire « enfin » les émissions de CO_2 des voitures nécessite de réorienter le marché vers des voitures plus légères et partagées ainsi que de mettre en place un plan industriel assurant à l'Europe son autonomie dans la fabrication des voitures électriques et de leurs batteries. Les constructeurs automobiles sont encore loin de cet objectif, mais font quand même quelques tentatives. C'est le cas de la Renault Twizy, un véhicule de moins de 500 kg situé sur le marché des voitures sans permis, entre le scooter et l'automobile. Dans la même lignée, Citroën a récemment lancé l'Ami.

→ **Favoriser les plans de mobilité inter et intraentreprises.** Le plan de mobilité (PDM) est un ensemble de mesures qui vise à optimiser et augmenter l'efficacité des déplacements des salariés d'une entreprise, pour diminuer les émissions polluantes et réduire le trafic routier. Il est obligatoire pour les entreprises de plus de 50 travailleurs depuis décembre 2019. Pour réduire et optimiser les déplacements domicile-travail des salariés, il faut procéder à la mise en œuvre d'un plan de mobilité employeur selon trois objectifs :

- réduire l'*autosolisme* (le fait d'être seul dans une voiture) : proposer des modes de transport plus doux et des alternatives à la voiture telles que la marche, le vélo, les transports en commun, l'écoconduite et le covoiturage ;
- réduire la fréquence : favoriser le télétravail, le *coworking*, le déjeuner sur place et les semaines de 4 jours ;
- réduire la distance : favoriser les mobilités internes, les échanges de postes et les territoires de recrutements.

→ **Redynamiser les trains de nuit.** Certains voient le train de nuit comme le moyen de redémocratiser les rails. C'est ce que préconise le collectif français Oui au train de nuit !, qui peut s'inspirer de la société autrichienne ÖBB qui est aujourd'hui la seule compagnie européenne à proposer une offre variée de trains de nuit. Vienne-Rome, Zurich-Berlin, Munich-Venise via Salzbourg, les destinations sont de plus en plus nombreuses. Début 2023, la France comptait six lignes de trains de nuit et prévoyait d'en ajouter de nouvelles dans les mois à venir. Le pays compte toutefois sur le deuxième plus grand réseau ferré d'Europe après l'Allemagne et n'est pas encore à la hauteur des enjeux. C'est même un gâchis pour l'association Réseau Action Climat qui regrette aussi une intensité d'utilisation médiocre des rails : avec 48 trains par kilomètre et par jour, la France fait beaucoup moins bien que, par exemple, les Pays-Bas (140) ou la Suisse (119).

Les cartes oracles
2030 Glorieuses
toit toit
mon toit
Le logement durable

LE LOGEMENT DURABLE

→ **Soutenir et encourager les projets d'habitats intergénérationnels.** Depuis plusieurs années, Habitat et Humanisme expérimente des habitats intergénérationnels regroupant des personnes d'âges et de situations différents (seniors, jeunes, familles, notamment monoparentales), toutes isolées et à faibles ressources. L'objectif est de susciter une dynamique de convivialité et de solidarité de voisinage, propice au vivre-ensemble et à l'insertion de chacun, et en ce qui concerne les personnes âgées, au maintien à domicile. Aujourd'hui, l'association s'active à déployer ce programme partout en France avec une quarantaine d'habitats intergénérationnels en activité.

→ **Développer les projets d'écoquartiers passifs et dépolluants.** Les écoquartiers ont le vent en poupe. Prochain échelon de la transformation du territoire, ils offrent la perspective d'un futur où les bâtiments durables sont accessibles au plus grand nombre. En France, c'est en Pays de la Loire, à Carquefou, que le premier grand ensemble passif sort de terre. Dans le reste de l'Europe, cette prouesse est renouvelée et l'on peut assister à une véritable éclosion d'écoquartiers passifs. En Allemagne, l'écoquartier Heidelberg Village fait figure d'exemple. Grand comme deux fois le Vatican, il est présenté comme « le plus grand complexe passif au monde » grâce à son système de ventilation intelligent, ses toits végétalisés accessibles aux habitants, ses jardins verticaux protégeant les appartements de la chaleur ou encore ses potagers disposés dans les allées.

→ **Des plateformes de location de logements solidaires et écologiques.** Alors que les plateformes privées de location de logements sont devenues la norme, des alternatives prouvent qu'il est possible de mettre plus de durabilité et de solidarité dans ce secteur. C'est le cas de GreenGo, une alternative française et équitable, qui vous sélectionne les meilleurs logements en France afin de mettre en avant le voyage de proximité ou encore de Fairbnb, une plateforme coopérative de réservation d'hébergements en ligne. *Plus d'infos ici : www.greengo.voyage ou www.fairbnb.coop/fr.*

→ **Développer les habitats participatifs et les écolieux.** Les habitants associés aux projets d'habitat participatif contribuent à apporter des réponses collaboratives à de nombreux enjeux de société : lien social, bien vieillir, pratiques écoresponsables, préservation de l'environnement, logement abordable... Cette nouvelle forme d'habitat peut être un formidable allié des politiques publiques en permettant de créer un cadre de vie de qualité, humain et accessible, proposant un processus vertueux, vecteur de démocratie participative, de cohésion sociale et d'écologie. Dans ce domaine, la Coopérative Oasis fait figure de référence avec plus de 1200 projets d'oasis en France. *Plus d'infos ici : www.cooperative-oasis.org/decouvrir/les-oasis/.*

→ **Accélérer le grand chantier de la rénovation énergétique.** Le Parlement européen a demandé à ce que tous les nouveaux logements construits à partir de 2028 soient neutres en carbone, et que les biens notés F et G disparaissent à la fin de la décennie. En France, le bâtiment est le deuxième secteur le plus émetteur de gaz à effet de serre et la rénovation énergétique des logements et des bâtiments tertiaires répond à un triple enjeu : lutter contre le changement climatique, soutenir le pouvoir d'achat et améliorer la qualité de vie des Français. Notre parc immobilier représente à lui seul 27 % des émissions de CO_2 et près de 45 % de la consommation d'énergie finale.

→ **Simplifier la législation autour de la construction des habitats légers et alternatifs.** Il n'est pas toujours simple de comprendre la législation en matière d'habitat alternatif. Sommes-nous dans la légalité quand nous faisons le choix de vivre différemment ? Législation et habitat alternatif ne font pas toujours bon ménage, car posséder un terrain ne veut pas dire qu'on a le droit de s'y installer librement. En effet, le Code de l'urbanisme impose une déclaration à la mairie pour toute installation supérieure à trois mois. La Région wallonne a de son côté posé les balises légales au sujet de ces habitations émergentes, qui avant 2019, ne faisaient l'objet d'aucun cadre juridique. Actuellement, 25 000 habitats légers se seraient déjà implantés en Wallonie.

→ **Zéro logement vacant en 2030.** Trois millions de logements sont vacants, ce qui représente 8 % du parc immobilier français. Cette vacance structurelle pénalise les personnes qui cherchent à se loger, dégrade le bâti et contribue à la désaffection des centres-villes. Pour y remédier, le programme Zéro Logement Vacant aide les collectivités à mobiliser les propriétaires de logements vacants et à mieux les accompagner dans la remise sur le marché de leur logement. En 2021, près de 70 collectivités ont été retenues pour expérimenter les nouveaux outils de lutte contre les logements vacants.

→ **Lutter contre la spéculation immobilière pour permettre au plus grand nombre l'accès à un logement décent.** Année après année, la situation du mal-logement ne cesse de s'aggraver. Pour contrer cette tendance, des collectifs s'organisent. C'est par exemple le cas en Bretagne et au Pays basque où des citoyens luttent contre la mainmise du logement touristique au détriment des résidences principales. À Berlin, un référendum vient d'entériner l'expropriation des grands groupes financiers ayant fait main basse sur une partie des logements de la capitale allemande.

Les cartes oracles
2030 Glorieuses
la vie est
circulaire
L'économie
& la relance écologique

L'ÉCONOMIE & LA RELANCE ÉCOLOGIQUE

→ **Intégrer des rayons dédiés aux produits d'occasion dans des supermarchés grâce à Envie ou Emmaüs.** C'est déjà le cas à une centaine de kilomètres à l'ouest de Stockholm dans la ville d'Eskilstuna où a été créée la première galerie de recyclage au monde. Retuna est un centre commercial dédié au recyclage et au zéro déchet. Une association récupère les produits dont la population locale ne se sert plus. Des artisanes, des artisans et d'autres bénévoles travaillent à leur donner une nouvelle vie. Les nouveaux consommateurs et consommatrices ne recherchent plus nécessairement des produits neufs mais plutôt fonctionnels. L'*upcycling* pourrait ainsi devenir le futur des galeries marchandes. En France, Auchan, Leclerc, Carrefour et Système U s'intéressent à la vente d'occasion et proposent différentes formules pour développer cette pratique.

→ **Interdire la publicité pour les produits polluants, notamment pour les énergies fossiles et tout véhicule aérien, routier ou maritime fonctionnant aux énergies fossiles.** En 2019, les investissements publicitaires des marchés automobile, aérien et pétrolier en France atteignaient 5,1 milliards d'euros. La Convention citoyenne pour le climat ainsi que plusieurs ONG écologiques estiment que réguler ce domaine aurait un impact considérable sur les émissions de gaz à effet de serre de la France. Limiter la publicité pour les produits polluants serait un premier pas vers la déconsommation, comme l'avait fait avec succès la loi Évin en 1991 pour des questions de santé publique en régulant la publicité pour le tabac et l'alcool.

→ **Acter le retour de la consigne.** Présente jusqu'en 1980 en Alsace, la consigne fait son retour avec de nouvelles initiatives qui voient le jour partout en France. L'objectif de la consigne est de produire moins de verre et surtout de produire moins de GES. Réemployer les bouteilles permet d'économiser 33 % d'eau par rapport à une bouteille fabriquée, de réduire de 76 % l'énergie consommée et d'émettre 79 % de gaz à effet de serre en moins. Pas mal d'acteurs locaux se lancent dans l'aventure comme Jean Bouteille, présent dans plus de 1 000 points de vente en vrac en France. De son côté, Oé relance à Lyon la consigne pour le vin.

→ **Mettre en place un vaste plan de transformation de l'économie française pour nous emmener vers la neutralité carbone.** Lancé en mars 2020 par le Shift Project, le PTEF ou Plan de transformation de l'économie française est un vaste programme opérationnel qui vise à proposer des solutions pragmatiques pour transformer l'économie, en la rendant moins carbonée, plus résiliente et créatrice d'emplois. *Plus d'infos ici : www.ilnousfautunplan.fr.*

→ **Instaurer le revenu universel en France.** Toujours source de discussions animées, le revenu universel est souvent présenté comme une des solutions majeures aux crises sociale, environnementale et démocratique. Imaginez l'impact sur notre société si une somme d'argent décente était versée chaque mois à tous les Français, de la naissance à la mort, sur une base individuelle et de façon inconditionnelle, sans contrôle des ressources ni exigence de contrepartie ! Certains pays se sont d'ailleurs lancés dans des expérimentations ambitieuses pour déterminer le vrai du faux, c'est notamment le cas de la Finlande ou de l'Espagne.

→ **Relocaliser la production de nos objets.** La crise sanitaire de la covid-19 a mis en lumière notre dépendance aux importations pour la consommation de biens essentiels, à l'instar des masques de protection respiratoire. De cela est né un mouvement en faveur des « relocalisations industrielles » qui a trouvé un écho dans divers pans de la société, transcendant bien souvent les clivages politiques habituels. Les initiatives sont nombreuses notamment dans le textile avec 1083 pour les jeans ou dans le milieu du vélo avec les cycles Victoire.

→ **Rendre obligatoire la comptabilité en triple capital à toutes les entreprises.** Méthode ambitieuse qui permet d'évaluer la réussite et l'impact des organisations non seulement d'après ses capitaux financiers, mais également sur ses impacts environnementaux et sociaux, la comptabilité en triple capital est défendue par la Chaire « Comptabilité écologique » d'AgroParisTech pour développer, modéliser, promouvoir et expérimenter des comptabilités en durabilité forte afin de mettre les systèmes comptables au service d'une transition écologique.

→ **Standardisation de l'Éco-score à tous les produits de consommation et les services.** L'Éco-score est un indicateur représentant l'impact environnemental des produits alimentaires, de leur production jusqu'à leur arrivée dans les rayons du supermarché. Il classe les produits en cinq catégories de A (très faible impact) à E (impact fort sur l'environnement). Son déploiement à tous les produits de consommation et aux services permettrait aux consommateurs d'avoir un référentiel commun afin d'apporter plus de clarté pour faciliter la prise de décision au moment de l'acte d'achat.

→ **Réglementer l'utilisation de l'épargne pour soutenir uniquement des entreprises du milieu de l'ESS.** La finance ne peut plus être neutre et certains pensent que changer le capitalisme passera par l'utilisation des outils du capitalisme, c'est pourquoi des ONG militent pour la réglementation de l'utilisation de l'épargne au service seulement du financement de la transformation de l'outil de production des entreprises dans le cadre de la transition écologique. Sur le plan citoyen, c'est ce que propose déjà une plateforme comme Lita.co qui donne la possibilité aux individus d'investir, grâce à leur épargne, en direct dans les entreprises engagées pour la transition écologique et sociale.

→ **Adhésion des villes aux monnaies locales complémentaires et citoyennes.** Cette action donnerait un immense coup d'accélérateur aux monnaies locales déjà largement déployées sur le territoire français grâce à l'engagement citoyen puisque les villes pourraient utiliser ces monnaies complémentaires au sein des services publics de la commune et de ses groupements, dans les budgets participatifs ou encore dans le soutien aux associations, comme ce que fait déjà par exemple la ville de Bayonne avec l'eusko.

Les cartes oracles
2030 Glorieuses
low
tech
La cohérence technologique

LA COHÉRENCE TECHNOLOGIQUE

→ **Proposer des tutoriels de réparation en ligne pour tous les produits technologiques.** Notre mode de vie « dématérialisé » repose sur des milliards d'équipements matériels (34 milliards d'équipements informatiques dans le monde en 2019) et a des conséquences très concrètes sur l'environnement. De leur fabrication à leur destruction, les objets numériques engendrent des impacts tout au long de leur cycle de vie : épuisement des ressources, émissions de gaz à effet de serre, accumulation de déchets... Allonger la durée de vie des appareils est donc un excellent moyen de limiter au maximum leur impact. En plus d'une utilisation raisonnée, la réparation est un excellent moyen d'aller dans ce sens. On peut même prendre en charge soi-même sa réparation avec les tutoriels comme Spareka, Sosav ou iFixit.

→ **Démocratiser les *low-tech*.** L'association Low-tech Lab, basée à Concarneau (Finistère), accompagne professionnels, collectivités et associations afin de démocratiser les *low-tech*. Des technologies peu coûteuses, durables et au faible impact environnemental. Parce que la démarche *low-tech* offre à tous, et partout, les moyens de répondre à ses besoins dans le respect des humains et de la planète, le Low-tech Lab s'est donné pour mission de dénicher, tester et partager ces solutions avec le plus grand nombre. *Plus d'infos ici : www.lowtechlab.org/fr.*

→ **Des appareils réparables à vie.** Imaginez ne plus avoir à remplacer vos appareils électroniques... Ce sont des machines qui coûtent cher et qui demandent énormément de ressources à la fabrication pour une durée de vie qui va decrescendo depuis de nombreuses années. Pour endiguer ce phénomène, des marques françaises tentent de proposer des alternatives durables et réparables à vie. C'est le cas de la marque Kippit qui propose une bouilloire ou encore un lave-linge pour lesquels la réparabilité est prévue dès la conception. *Plus d'infos ici: www.kippit.tech.*

→ **Diviser par deux la TVA pour les réparateurs.** La Suède veut inciter le bricolage et accroître la durée de vie des objets en réduisant la TVA sur la réparation: pièces détachées et interventions confondues. Les réparations ne sont donc plus sujettes à une TVA de 25 %, mais à une TVA de 12 %.

→ **Retrouver collectivement une souveraineté technique par la réappropriation des savoirs et des savoir-faire.** C'est l'objectif de l'Atelier paysan, une coopérative qui accompagne les agriculteurs et agricultrices dans la conception et la fabrication de machines et de bâtiments adaptés à une agroécologie paysanne. En remobilisant les producteurs et productrices sur les choix techniques autour de l'outil de travail des fermes, ils souhaitent permettre de retrouver collectivement une souveraineté technique pour développer l'autonomie. *Plus d'infos ici: www.latelierpaysan.org.*

→ **Favoriser le déploiement des logiciels libres.** Un logiciel libre permet à tout utilisateur de l'exécuter, de le copier et de le distribuer sans frais. Mais la principale caractéristique d'un logiciel libre est d'ouvrir l'accès à son code source et de permettre aux utilisateurs d'étudier, de modifier le logiciel - sans barrière technique ou légale - afin de participer au développement de nouvelles fonctionnalités. Framasoft, un réseau d'éducation populaire qui œuvre depuis des années principalement à la promotion du logiciel libre, est notamment à l'origine de la campagne « Dégooglisons Internet » dont le but est de proposer une plus grande indépendance et autonomie des internautes face aux GAFAM (Google, Apple, Facebook, Amazon et Microsoft).

→ **Des abonnements téléphoniques et Internet dont la facture évolue en fonction de la consommation de données.** Les abonnements numériques proposent des formules avec de plus en plus de données, ce qui n'est pas sans conséquences sur les émissions de gaz à effet de serre de nos terminaux numériques.

Pour mettre plus de sobriété dans l'usage de nos appareils connectés, l'abonnement Sobriété de TeleCoop permet d'être facturé en fonction de sa consommation réelle de données mobiles. *Plus d'infos ici: www.telecoop.fr.*

→ **Interdire les écrans publicitaires numériques.** Selon l'association négaWatt, chaque panneau publicitaire numérique représente la consommation annuelle hors chauffage de trois familles. Plusieurs collectifs et associations, dont Résistance à l'agression publicitaire (RAP), Plein la vue, Alternatiba, Greenpeace et ANV-Cop21, ont demandé l'interdiction définitive des écrans de télévision publicitaires, jugés incohérents dans un contexte d'appels répétés à la sobriété et d'urgence climatique.

Les cartes oracles

2030 Glorieuses

LE SENS À L'EMPLOI

→ **Travailler la quête de sens à l'emploi.** L'*ikigaï* est une philosophie qui consiste à donner un sens à sa vie en trouvant un équilibre entre ce qu'on aime, ce dont on a besoin et ce qui est utile au monde. «*Iki*» signifie vie et «*gaï*» se rapporte à la réalisation de ce qu'on espère; il s'agit de se sentir où l'on doit être, aligné avec soi. Ce concept japonais qui remonte au XIVe siècle expliquerait notamment l'extraordinaire longévité des habitants de l'île d'Okinawa. Leur secret? Trouver une bonne raison de se lever le matin pour donner un sens à sa vie. C'est pourquoi ils ne cessent jamais vraiment de travailler. L'*ikigaï* est ainsi une méthode intéressante pour ceux qui souhaitent atteindre un meilleur équilibre entre vie professionnelle et vie personnelle, et mettre du sens dans leur travail.

→ **Faire du modèle coopératif le modèle d'organisation économique majoritaire.** C'est ce que souhaite le mouvement des Scop en France qui œuvrent au développement de ce modèle plus adapté aux enjeux de notre siècle à plusieurs égards. Il permet en effet que les informations liées à la vie de l'entreprise circulent en toute transparence, que les bénéfices soient répartis justement et que les décisions stratégiques soient l'expression du plus grand nombre. *Plus d'infos ici: www.les-scop.coop.*

→ **Systématiser la possibilité de partir en congé solidaire.** Le Congé solidaire est un dispositif qui permet à tout salarié de partir deux semaines en volontariat sur son temps de congés en France, Afrique, Asie et Amérique latine. C'est une formule que propose Planète Urgence pour que les salariés qui le désirent puissent partager et transmettre leurs compétences et connaissances afin de venir en appui au développement de communautés locales et participer à la protection de la biodiversité et des forêts.

→ **Instaurer le revenu universel en France.** Le revenu universel revient régulièrement sur la pile des sujets évoqués pour améliorer véritablement la qualité de vie des Français. Et certains de nos voisins européens ont fait le test. C'est le cas de la Finlande en 2017 qui a décidé de tester à grande échelle sa mise en place. Cette expérience s'est tenue sur une période de deux ans, entre 2017 et 2018, au cours de laquelle le gouvernement a versé à 2000 chômeurs âgés de 25 à 58 ans la somme de 560 € par mois, sans condition. Cette étude a montré que le revenu universel a eu un effet positif sur le bien-être des participants et sur l'emploi.

→ **Accompagner la reconversion des entreprises et la transformation des métiers au niveau régional.** Parmi ses propositions, la Convention citoyenne pour le climat a proposé une telle mesure avec pour objectif que chaque entreprise et métier revoit ses pratiques afin d'accompagner les entreprises et de former les professionnels dès aujourd'hui aux exigences de la lutte contre le changement climatique. Sur le plan citoyen, cette envie se fait de plus en plus ressentir et des structures accompagnent celles et ceux qui souhaitent que leur quotidien professionnel contribue à construire une société plus durable et plus solidaire. À Lyon, l'Institut Transitions forme, outille et accompagne les personnes et les structures qui s'engagent en faveur de la transition écologique et solidaire dans la région lyonnaise et au-delà. *Plus d'infos ici : www.instituttransitions.org.*

→ **Développer des espaces de *coworking*.** D'après le président de la Fabrique des mobilités, l'expérience collaborateur passera par une multiplicité d'« escales » entre le siège social - symbole de la culture d'entreprise -, le domicile et les tiers-lieux. Un nouveau baromètre recense près de 2800 espaces de *coworking* en France en 2021, soit une augmentation de 60 % depuis 2019. Limiter les déplacements domicile-travail tout en favorisant la création du lien social et la coopération entre structures, voilà plusieurs défis de notre société auxquels pourrait permettre de répondre la normalisation des espaces de *coworking*.

→ **Faciliter le mécénat de compétences des salariés.** Le mécénat de compétences correspond à la mise à disposition de salariés sur le temps de travail au profit d'un projet d'intérêt général. L'engagement des collaborateurs dans des projets à impact social contribue à augmenter leur bien-être au travail. Il y a notamment deux organisations spécialistes de ces sujets : Pro Bono Lab (www.probonolab.org) et Vendredi (www.vendredi.cc).

→ **Permettre le départ à la retraite à 60 ans pour celles et ceux qui le souhaitent sans condition.** La place du travail dans nos vies est une question essentielle à se poser à une époque où nous sommes confrontés à la fois à des urgences écologiques et des urgences sociales. Mieux travailler et moins travailler nous permettrait de contribuer à la fois à la réduction de l'empreinte écologique de notre société tout en permettant une meilleure redistribution des richesses. Sans compter que le fait de partir à la retraite à un âge plutôt jeune permet ensuite de favoriser les engagements culturels, associatifs ou encore familiaux, prépondérants pour une société saine et heureuse.

Les cartes oracles
2030 Glorieuses

LA COHÉSION DÉMOCRATIQUE

→ **Valider la reconnaissance du vote blanc.** L'Espagne et les Pays-Bas sont les seuls pays européens qui considèrent les votes blancs comme valides à toutes les élections. Ils participent au calcul des pourcentages, notamment dans les rares référendums. Ils sont par conséquent pris en compte pour déterminer si un parti a franchi ou non le seuil électoral.

→ **Des élections présidentielles au jugement majoritaire.** L'abstention au second tour de l'élection présidentielle a presque doublé depuis 1965. Les Français semblent las de se ranger derrière un candidat qu'ils n'apprécient pas. Pourtant, d'autres modes de scrutin existent, dont un qui a le vent en poupe : le jugement majoritaire. Un scrutin qui sollicite l'avis de l'électeur sur tous les candidats, garant selon son inventeur, d'un large consensus autour du vainqueur. *Plus d'infos ici : www.app.mieuxvoter.fr.*

→ **Créer une commission extramunicipale du temps long pour représenter les intérêts de la nature et des générations futures.** Engagée sur le chemin de la transition écologique avec la volonté d'associer les citoyens dans les processus de décision, la ville de Cahors a installé le 28 juin 2021 la commission extramunicipale du temps long. Cette instance participative composée de citoyens volontaires, de représentants de la société civile et d'élus veille à la prise en compte des questions écologiques, sociales et climatiques dans les projets de la commune. En cours de mandat, elle sera aussi chargée de définir les sujets et d'étudier les propositions issues des appels à projets citoyens qui seront progressivement engagés et qui bénéficieront d'un budget participatif.

→ **Faciliter le processus de référendum populaire.** Proposer ou abroger une loi, révoquer le mandat d'un élu, modifier la Constitution et se prononcer sur les traités internationaux… le référendum d'initiative citoyenne (RIC), devenu une revendication centrale du mouvement des « gilets jaunes », veut répondre à la forte demande d'implication dans les décisions politiques demandées par de nombreux manifestants. En matière de consultation populaire, les regards se tournent particulièrement vers la Suisse, où le recours aux référendums est inscrit dans la Constitution depuis 1848. Les Suisses sont donc très régulièrement amenés à se prononcer sur une loi fédérale ou sur une proposition de révision de la Constitution par le biais de trois instruments de démocratie directe sur le plan national, le référendum facultatif, le référendum obligatoire et l'initiative populaire.

→ **Remplacer le PIB par de nouveaux indicateurs sociétaux.** Partiel, incomplet, trop centré sur l'économie, le produit intérieur brut (PIB) est depuis longtemps accusé de ne refléter la situation d'un pays que de manière biaisée, écartant des domaines primordiaux comme la qualité de vie ou le développement durable. De nombreuses alternatives existent : l'indice de développement humain développé au début des années 1990 par le prix Nobel d'économie Amartya Sen pour le programme des Nations unies pour le développement, l'indice du progrès social, le Bonheur national brut adopté par le royaume himalayen du Bhoutan en 1972 ou encore l'indice de richesse globale lancé en 2012 par l'ONU, l'Inclusive *wealth indicator* qui a pour objectif d'évaluer la croissance à long terme et non à court terme.

→ **Acter la création d'autres assemblées citoyennes pour traiter des sujets les plus urgents.** Les assemblées citoyennes modernes sont pour la plupart mises en place de façon ponctuelle, pour trancher des débats de société particulièrement sensibles. La période 2019-2020 a été marquée par le relatif succès de la Convention citoyenne pour le climat. Récemment, la Convention des entreprises pour le climat a rassemblé plus de 150 dirigeantes et dirigeants pendant 11 mois pour aligner le monde de l'entreprise en France avec l'accord de Paris sur le climat.

→ **Systématiser le mécanisme du budget participatif dans toutes les villes de France.** Donner son avis sur l'orientation des dépenses locales, c'est désormais possible dans plus de quatre-vingts villes et deux départements. Les budgets participatifs, ultraconfidentiels jusqu'aux élections municipales de 2014, ont doublé chaque année et aujourd'hui 80 villes et 6 millions de Français sont concernés. L'enveloppe la plus élevée est celle de la ville de Paris, qui s'est engagée en 2014 à associer les citoyens à la gestion de 5 % de son budget d'investissement annuel, soit 100 millions d'euros.

→ **Inscrire les limites planétaires dans l'article n°1 de notre Constitution.** En droit interne, la Constitution est la source de droit qui figure au sommet de la hiérarchie des normes. Cela suppose que toutes les lois adoptées, toutes les mesures légales, les décrets, les décisions ou encore les règlements doivent être conformes à la Constitution. L'importance de l'inscription de l'écologie et de la solidarité dans la Constitution est donc déterminante : plus qu'une avancée symbolique et politique, il s'agit aussi d'une étape nécessaire vers la transition écologique et le renversement des mentalités que nous devons adopter face à l'urgence climatique ! C'est ce que demande l'association Notre Constitution écologique. *Plus d'infos ici : www.notreconstitutionecologique.org*.

→ **Systématiser les formations à la vie démocratique pour la jeunesse.** En dehors de l'école, les dispositifs de volontariat formant à la citoyenneté constituent « une offre multiple mais confuse ». Si le service civique est « un véritable succès » avec plus de 100 000 jeunes volontaires concernés chaque année, il y a tout intérêt à lancer un programme s'inspirant du programme de l'association Tous Élus, un mouvement sans couleur politique pour sensibiliser et former toutes celles et tous ceux qui sont éloignés de la démocratie ! *Plus d'infos ici : www.touselus.fr.*

Les cartes oracles
2030 Glorieuses
nous sommes
le vivant
La protection &
la régénération du vivant

LA PROTECTION & LA RÉGÉNÉRATION DU VIVANT

→ **Accorder à la nature une personnalité juridique pour mieux la protéger.** Donner des droits à la nature, c'est faire reconnaître par la loi son droit à exister, à se régénérer, à évoluer, c'est aussi défendre son rôle écosystémique à maintenir les équilibres écologiques sur la Terre. En Nouvelle-Zélande comme en Inde, trois fleuves, dont le Gange, ont été dotés du statut de « personnalité juridique », qui en fait des entités vivantes en matière de droit.

→ **Développer un vaste plan de reforestation.** Alors que le pays a perdu 44 % de ses forêts naturelles de 1953 à 2014, le gouvernement malgache a annoncé vouloir replanter 60 millions d'arbres par an. Le reboisement total devrait couvrir 400 km^2, soit quatre fois la taille de Paris. En France, le plan de relance voté en 2022 amorce un grand plan de reboisement des forêts françaises. L'objectif : planter 45 000 hectares de forêts qui permettront de capter 150 000 tonnes de CO_2 supplémentaires chaque année. Cette mesure permettra d'augmenter les surfaces plantées, de régénérer les forêts existantes et de reconstituer celles qui ont dépéri comme dans le Grand Est et en Bourgogne-Franche-Comté. L'enjeu est de faire en sorte que ce reboisement implique le respect de la complexité du vivant plutôt que la sélection de quelques espèces pour des considérations pratiques ou économiques.

→ **Prévoir de vastes plans de renaturation des villes.** La renaturation désigne les processus, naturels ou avec l'intervention de l'homme, par lesquels la nature se réinstalle spontanément dans la ville. Il s'agit de restaurer le bon état écologique des sites à travers des opérations d'aménagement, de gestion des espaces et de sensibilisation des usagers. Dans ce contexte, la ville de Rouen a validé son plan de renaturation « Rouen naturellement » pour notamment lutter contre l'érosion de la biodiversité et contre les phénomènes d'îlots de chaleur.

→ **Lancer la création d'une troupe internationale de casques verts pour assurer la protection de la biodiversité partout dans le monde.** La Sea Shepherd Conservation Society est une organisation non gouvernementale internationale maritime à but non lucratif, vouée à la protection des écosystèmes marins et de la biodiversité. Ses équipes sont présentes partout dans le monde et pourraient inspirer l'ONU pour la constitution d'une force internationale dédiée à la protection du vivant sur tous les fronts où celui-ci est dangereusement menacé.

→ **Rejoindre une mission de Service civique qui permette de participer à la protection du vivant en France.** L'engouement pour le Service civique est toujours aussi puissant. Depuis 2010, plus d'un demi-million de jeunes ont pu effectuer une mission de Service civique et de nombreuses missions sont tournées vers les enjeux écologiques. En effet, le premier pas vers un avenir meilleur consiste à éduquer les citoyens d'aujourd'hui et de demain au respect de notre bien commun, l'environnement. Dans ce domaine, les volontaires en mission de Service civique peuvent participer à l'organisation d'événements favorisant la transition écologique ou la préservation des écosystèmes, ils peuvent faire la promotion des principes du développement durable lors de manifestations variées.

→ **Éviter tout nouveau projet d'artificialisation des terres en favorisant la réhabilitation des friches industrielles.** L'artificialisation des sols en France serait de l'ordre de 50 000 hectares par an, soit l'équivalent d'un terrain de foot toutes les sept minutes. Pour endiguer ce phénomène, plusieurs pistes existent, dont la possibilité de réhabiliter des friches industrielles. C'est par exemple ce qui a été fait à Bordeaux, quai des Queyries où Darwin occupe 10 000 m2 à l'emplacement d'une ancienne caserne militaire laissée en friche, rachetée en 2009. Darwin est devenu le lieu emblématique de l'entrepreneuriat à Bordeaux, rassemblant pas moins de 230 entreprises, 20 associations et un lycée, offrant à ses 60 élèves une pédagogie alternative et personnalisée. *Plus d'infos ici : www.darwin.camp.*

→ **Créer des sanctuaires marins pour protéger la biodiversité, reconstituer les stocks de poissons et freiner les changements climatiques.** Face à ces enjeux de taille, des gouvernements agissent. C'est le cas des îles Cook qui ont créé l'un des plus grands sanctuaires marins au monde pour protéger une portion du Pacifique grande comme trois fois la France. Votée en 2017 par le Parlement de l'archipel, la législation a donné naissance à une vaste zone de 1,9 million de kilomètres carrés.

→ **Promouvoir la possibilité pour les citoyens d'inscrire leur terrain en tant que refuge de la biodiversité auprès de la LPO.** En agissant à leur échelle, les citoyens peuvent contribuer à réduire le déclin de la biodiversité. Il n'y a pas de superficie minimale pour créer un refuge LPO. Un jardinet de quelques mètres carrés, une cour, une terrasse, un balcon suffisent. Quelques bonnes pratiques de gestion et quelques aménagements permettent de redonner une place à la nature. *Plus d'infos ici : www.lpo.fr/s-engager-a-nos-cotes/creer-un-refuge-lpo.*

Les cartes oracles
2030 Glorieuses

LA BONNE SANTÉ

→ **Encourager l'adoption par le grand public d'habitudes alimentaires végétariennes.** Une mesure bonne pour l'environnement et bonne pour la santé puisque le fait d'adopter un régime végétarien permettrait de réduire de deux tiers les risques de maladies en comparaison avec un régime omnivore et de limiter l'impact environnemental de notre alimentation (baisse des émissions de gaz à effet de serre et limite de la perte de biodiversité).

→ **Interdire définitivement l'usage des pesticides dans l'agriculture.** Depuis 2015, l'État indien du Sikkim est 100 % biologique. Le résultat d'une politique volontariste locale débutée en 2003. L'intégralité de ses 77 000 hectares de terres cultivées n'absorbe plus une seule goutte d'engrais ni de pesticides chimiques et l'utilisation d'intrants chimiques est désormais passible de trois mois de prison et d'une amende de 100 000 roupies (l'équivalent de 1 256 euros).

→ **Mettre en place des chèques alimentaires pour les plus démunis à utiliser dans les AMAP ou pour des produits bios.** Redonner de la valeur à l'alimentation nécessite de pouvoir agir pour que nos concitoyens les plus fragiles puissent y avoir accès. Afin que cette démarche soit durable et s'inscrive sur le temps long, les citoyens souhaitent que ces chèques soient utilisables pour des produits bios ou dans les AMAP afin de favoriser les circuits courts.

→ **Bannir totalement les perturbateurs endocriniens des cosmétiques et des produits d'hygiène.** Avec les perturbateurs endocriniens, on est exposé à un cocktail chimique quotidien. Ils sont un danger pour la santé, car ils interfèrent avec nos hormones. Sans compter les impacts sur l'environnement. C'est dans cette perspective que l'association Génération Cobayes a proposé de signer une pétition, pour l'instant sans effet, pour la mise en place de « mesures en matière d'étiquetage pour obliger les fabricants de produits d'hygiène et cosmétiques à mentionner la présence de perturbateurs endocriniens déjà identifiés dans les produits qu'ils commercialisent ».

→ **Mettre en place un programme ambitieux de lutte contre la pollution atmosphérique partout en France.** La pollution atmosphérique est l'une des plus grandes menaces pour l'environnement et touche tout le monde : les humains, les animaux, les cultures, les villes, les forêts, les écosystèmes aquatiques... Santé publique France estime que « chaque année près de 40 000 décès seraient attribuables à une exposition des personnes âgées de 30 ans et plus aux particules fines ». Adoptant une approche résolument interdisciplinaire, le projet MobilAir vise à identifier des mesures précises pour réduire de manière significative la pollution atmosphérique dans les villes et ses impacts.

→ **Lancer un vaste plan de prévention du bruit dans toutes les villes de France.** Le bruit est ainsi responsable de la perte, uniquement en France, de 950 000 années de vie en bonne santé. 25 millions de Français et de Françaises sont exposés à des niveaux sonores nocifs. C'est face à cette urgence qu'un projet citoyen porté à Grenoble a vu le jour pour que nous puissions tous et toutes prétendre au droit au calme.

→ **Promouvoir et continuer à travailler sur le concept de « santé planétaire ».** La santé planétaire est un domaine médical fondé sur les preuves, centré sur la caractérisation des liens entre les modifications des écosystèmes dues aux activités humaines et leurs conséquences sur la santé. Son objectif est de développer et d'évaluer des solutions pour contribuer à un monde équitable, durable, et sain. C'est par exemple le cas avec des mesures de sensibilisation pour réduire et mieux gérer la consommation médicamenteuse qui a un impact sur la santé, mais également sur l'environnement, notamment sur la biodiversité, la pollution des eaux et des sols.

→ **Encourager la pratique d'une activité physique régulière pour toutes et tous le plus longtemps possible.** Une activité physique adaptée répond à une prise en compte holistique de chacun. De nombreuses études ont notamment montré que la mise en mouvement calibrée, régulière est un moyen thérapeutique non médicamenteux capable d'agir à la fois en prévention primaire (mode de vie...), mais aussi en prévention secondaire (traitements pharmacologiques ou non). Des associations travaillent dans ce sens, c'est par exemple le cas avec l'association Viacti. *Plus d'infos ici : www.viacti.com*.

Les cartes oracles
2030 Glorieuses

L'éducation
& la culture intérieure

L'ÉDUCATION & LA CULTURE INTÉRIEURE

→ **Systématiser le suivi de la biodiversité tout au long de la scolarité.** Proposé par le Muséum national d'histoire naturelle, le programme Vigie-Nature École organise, de la maternelle au lycée, des ateliers scientifiques à mener avec ses élèves. Ils permettent de réaliser simplement des suivis de biodiversité sur l'ensemble du territoire métropolitain. Dix protocoles sont disponibles et permettent d'étudier des groupes très variés. *Plus d'infos ici : www.vigienature-ecole.fr.*

→ **Intégrer dans les programmes scolaires la pratique quotidienne de la méditation et des ateliers de philosophie.** La pratique des ateliers philosophiques avec les enfants existe depuis plusieurs décennies. Le Parcours SEVE, tel qu'il a été élaboré sous l'impulsion et la responsabilité de Frédéric Lenoir, entend proposer une préparation qui initie à l'animation d'ateliers philo et à la pratique d'attention en relation bienveillante avec les enfants. Il s'agit ainsi de relier le corps, le cœur et l'esprit. *Plus d'infos ici : www.asso.seve.org.*

→ **Faire cohabiter les crèches et les maisons de retraite.** Alors que la population française est en perpétuel vieillissement, le bien-être des personnes âgées et leur isolement sont une priorité. Et si les « crèches intergénérationnelles » étaient la solution ? Le concept paraît novateur alors qu'il a pourtant été expérimenté dès 1992 par la résidence de l'Étang à Marcillé-Robert qui continue à cohabiter et à accueillir des enfants de 4 mois à 4 ans issus de la garderie Coccinelle. En 2008, le XIXe arrondissement de Paris inaugure la crèche La Môme dans la maison de retraite Édith-Piaf aménagée pour l'occasion.

→ **Recréer un maillage étroit de cafés associatifs partout en France.** Les bars associatifs sont en plein boom partout en France. Les villes et villages de France ont besoin de lieux où se crée du lien social, pour renforcer la solidarité entre les habitants d'un même quartier tout en facilitant l'accès à la culture pour toutes et tous. Il existe des collectifs pour aider le développement de ces initiatives, c'est le cas du Réseau des cafés culturels et cantines associatifs. Un réseau pour échanger, partager des idées, des questionnements et se nourrir de l'expérience de chaque café et cantine. *Plus d'infos ici: www.resocafecantineasso.fr.*

→ **Généraliser des formations gratuites pratiques et manuelles pour les jeunes de 16 à 25 ans autour des métiers verts et verdissants.** Chaque année, en France, 100 000 jeunes sortent du système scolaire sans diplôme. En parallèle, dans les trente prochaines années, presque 1 million d'emplois vont être créés dans la transition écologique. Un double défi pour les écoles ETRE qui proposent, dans une dizaine de structures réparties sur tout le territoire, des formations gratuites pour les jeunes pendant une semaine à un an. *Plus d'infos ici: wwww.ecole-transition.eu.*

→ **Développer les événements culturels engagés sur la réduction de leur empreinte écologique.** De plus en plus de festivals se posent la question de leur empreinte écologique, mais aussi de proposer au public une programmation qui permettrait de respecter les grands enjeux de notre siècle tout en s'évadant. Une démarche qui invite à viser la qualité plutôt que la quantité et à favoriser un ancrage local fort. Et ces initiatives se retrouvent sur tout le territoire, comme avec le festival les Pluies de Juillet organisé depuis plus de cinq ans dans La Manche. *Plus d'infos ici: www.lespluiesdejuillet.org.*

→ **Construire un système éducatif basé sur des pédagogies fondées sur la coopération, l'autonomie et la bienveillance.** Il existe de plus en plus de structures pédagogiques qui proposent des modèles alternatifs pour permettre aux enfants de recevoir une éducation plus épanouissante. C'est par exemple le cas de l'école Domaine du Possible qui est ouverte aux enfants de la maternelle à la troisième et qui s'inspire de pédagogies fondées sur la coopération, la curiosité des enfants et une expérience active des apprentissages. Autre exemple avec l'école des Amanins qui fait partie du réseau Ashoka Changemaker School qui répertorie les écoles partout dans le monde dans lesquelles les élèves apprennent les compétences essentielles de l'empathie, de la créativité, et de la coopération à travers de nouvelles pédagogies.

4

DEVENIR « GUIDE » DE VOYAGE EN 2030 GLORIEUSES

Commençons par dire le plus important : bravo ! Bravo à vous de vouloir déployer de nouveaux imaginaires. Bravo de vouloir faire vivre ces moments enthousiasmants à votre entourage. Et merci d'avoir rejoint la communauté grandissante des guides 2030 Glorieuses. Être guide, c'est proposer de faire vivre cette expérience à d'autres. On peut recevoir des amis et leur faire visiter notre ville, ou ces mêmes amis peuvent s'inscrire à une visite organisée. Ils seront toujours entre les mains d'un guide (amateur ou professionnel).

Pour votre information, il existe une formation en ligne (les créneaux sont accessibles sur www.2030glorieuses.org) pour évoquer plus en détail tous les sujets listés ci-dessous. De plus, participer à cette formation vous permet de rejoindre « officiellement » la communauté 2030 Glorieuses et donc d'avoir accès à l'Auberge en ligne, un site Web sur lequel chaque personne peut :

- **renseigner les voyages en 2030 Glorieuses qu'elle a animés et proposer de futurs voyages publics pour qu'ils apparaissent sur le calendrier en ligne des 2030 Glorieuses ;**
- **renseigner son profil (contact, lieu de résidence) pour pouvoir entrer en contact avec d'autres guides afin d'échanger sur l'animation, mais aussi pour éventuellement se rapprocher d'autres personnes présentes sur le même territoire que le sien ;**
- **découvrir des ressources inspirantes pour continuer à explorer de nouveaux imaginaires et approfondir le pouvoir des utopies ;**
- **poursuivre sa formation grâce à de nouveaux modules de formation continue proposés régulièrement sur la plateforme.**

Pour autant, vous trouverez ci-dessous une bonne base de tous les éléments que vous devez avoir en tête pour vous mettre confortablement dans le rôle du « guide » de voyage en 2030 Glorieuses.

LE RÔLE D'UN·E GUIDE

Votre mission si vous l'acceptez : faire vivre un voyage en 2030 Glorieuses qui soit véritablement fédérateur, drôle, libérateur, bref vivant !

Au niveau logistique, vous aurez la charge de :

- **trouver le lieu ;**
- **inviter les participantes et les participantes ;**
- **fixer une date ;**
- **apporter les outils pédagogiques pour mener à bien l'atelier.**

L'argent en 2030 Glorieuses

Voilà un sujet qu'il ne faut pas mettre sous le tapis ! Comment valoriser financièrement votre atelier ?

Trois grands cas de figure se présentent et quoi qu'il en soit, ces informations sont données à titre d'exemple. L'important est surtout de pouvoir mener une conversation et une réflexion transparente et constructive pour que tout le monde se sente considéré et respecté au moment d'organiser et de mener à bien le voyage en 2030 Glorieuses.

① *Si vous animez un voyage avec vos proches*

La question peut ne pas se poser. C'est comme si vous proposiez une soirée « jeux de société » classique ou presque. Chacun·e apporte quelque chose à boire et à manger et surtout tout le monde vient avec de la curiosité et sa bonne humeur. Puis finalement, la richesse que vous retirerez de ce voyage en 2030 Glorieuses, c'est le sentiment d'avoir offert un beau moment à votre entourage et de leur avoir permis de reprendre le pouvoir des utopies pour participer plus activement à la transformation de notre société. Et ça, ça n'a pas de prix !

② *Si vous animez un voyage pour le grand public*

Que vous soyez à l'initiative de ce voyage ou que vous ayez accepté de répondre positivement à une sollicitation, il est important de poser la question de l'argent. Plusieurs questions même...

- **Est-ce que l'organisateur de l'événement (collectivité, festival, tiers lieu...) va tirer un bénéfice économique ?**
- **Est-ce que les participantes et les participants vont payer un billet pour participer ?**
- **Est-ce que le ou la guide de voyage va animer cet atelier bénévolement ou contre une rémunération ?**

Toutes les réponses sont acceptables, mais il est nécessaire de les mettre sur la table pour évoquer les non-dits qui pourraient parasiter le succès de cet atelier.

Quoi qu'il en soit, d'expérience, il est important que les voyageurs et les voyageuses payent quelque chose pour participer à ce voyage, car dans notre société, bien que cela soit discutable, tout ce qui n'a pas de coût n'a pas de valeur. Vous pouvez fixer un tarif unique, des tarifs croissants en fonction des moyens, un prix libre, à vous de juger ce qui est le plus pertinent en sachant que pour ce genre d'atelier, une bonne fourchette de tarif par personne oscille entre 5 et 20 euros. L'idéal est de pouvoir faire payer le billet en amont (nous pouvons vous aider à mettre en place une billetterie en ligne sur la plateforme HelloAsso si vous le souhaitez) pour éviter au maximum le phénomène du no show, c'est-à-dire que les gens prennent leur place mais qu'ils ne viennent pas. Pour les événements gratuits, on peut avoir entre 30 % et 50 % de personnes qui n'honorent finalement pas leur inscription. Ça fait beaucoup et ça complexifie surtout énormément la logistique de votre côté. Alors que bien évidemment, si les gens achètent leur place en amont et qu'ils doivent donc débourser une (petite) somme d'argent, ils seront bien plus enclins à se montrer le jour J.

QUE FAIRE DE LA SOMME COLLECTÉE ?

Là encore, plusieurs cas de figure se présentent :
– vous avez décidé d'animer cet atelier bénévolement et vous reversez l'intégralité des montants collectés à l'association Ça commence par moi via le formulaire de don (présent sur l'Auberge 2030 Glorieuses en ligne ou directement sur le compte HelloAsso de l'association) ;
– vous reversez ce montant au lieu qui vous accueille en contrepartie de leur aide sur la communication et la logistique ;
– vous gardez ce montant pour vous, car vous avez effectué cette animation dans le cadre de votre activité professionnelle. Si c'est le cas, il est suggéré de reverser une partie de la somme collectée à l'association Ça commence par moi pour soutenir le développement des 2030 Glorieuses. À titre de suggestion, la majorité des guides reverse 10 % si ce sont eux qui sont à l'initiative de l'événement et 20 % si c'est l'association Ça commence par moi qui a joué le rôle d'initiateur de l'atelier ou d'intermédiaire.

③ *Si vous animez un voyage privé pour une organisation (entreprise, collectivité, etc.)*

– Le principe est le même que les ateliers grand public, vous gardez ce montant pour vous, car vous avez effectué cette animation dans le cadre de votre activité professionnelle.

Si c'est le cas, il est suggéré de reverser une partie de la somme collectée à l'association Ça commence par moi pour soutenir le développement des 2030 Glorieuses. À titre de suggestion, la majorité des guides reverse 10 % si ce sont eux qui sont à l'initiative de l'événement et 20 % si c'est l'association Ça commence par moi qui a joué le rôle d'initiateur de l'atelier ou d'intermédiaire.

— Vous appartenez à l'organisation en question et vous êtes la personne chargée de l'animation du voyage. Si vous le souhaitez, vous pouvez être formé·e par l'association pour assurer un voyage en 2030 Glorieuses le plus enthousiasmant possible. N'hésitez pas à vous rapprocher de l'équipe des 2030 Glorieuses pour en savoir plus en ce qui concerne le contenu de la formation et son coût pour l'entreprise. Si vous vous êtes déjà formé·e à titre individuel, vous pouvez demander un budget à votre entreprise pour l'animation de ce voyage afin de valoriser sa création et tout le travail nécessaire à son développement. Rapprochez-vous de l'équipe 2030 Glorieuses pour évoquer ce sujet et valider ensemble comment vous pourriez verser le montant collecté à l'association Ça commence par moi.

Le départ en 2030 Glorieuses : comment avoir un pitch inspirant ?

Le départ en 2030 Glorieuses est un moment crucial du voyage utopiste. C'est celui qui donne le ton. C'est aussi celui qui met dans l'ambiance. Si ensuite vous pouvez faire confiance à chaque groupe pour qu'il s'approprie l'outil et prenne du plaisir à laisser libre cours à son imagination, c'est certain qu'une introduction percutante et inspirante facilitera grandement la tâche.

Quelques conseils pour vous aider…

Respectez ces trois étapes dans votre introduction :

- **les 2030 Glorieuses, qu'est-ce que c'est ?;**
- **les 2030 Glorieuses, pourquoi est-ce important ?;**
- **les 2030 Glorieuses, comment ça marche ?**

Pour chacune de ces étapes, vous pouvez **reprendre quelques éléments de cet ouvrage** qui détaille largement ces différents points. N'hésitez pas à personnaliser la deuxième partie en expliquant pourquoi reprendre le pouvoir des utopies est important pour vous et en expliquant d'où vous est venue cette pulsion et comment elle s'exprime dans votre vie au quotidien.

Si vous ne vous sentez pas de gérer entièrement la partie explicative sur le pouvoir des utopies, n'hésitez pas à demander de l'aide. Vous pouvez **faire lire à une participante ou à un participant le texte qui se trouve dans le rectangle jaune au centre du dépliant** pour expliquer pourquoi il est important de reprendre notre pouvoir utopiste pour faire bouger les choses. Vous pouvez également lui demander de lire le recto du déroulé (la carte jaune et blanc sur laquelle on retrouve tout le détail du voyage en 2030 Glorieuses) pour donner toutes les informations nécessaires à la compréhension du fonctionnement de l'atelier : matériel, organisation et déroulé.

Pour vos premières fois, mieux vaut faire plus court que trop long. **Concentrez-vous sur l'essentiel** plutôt que de vous perdre dans le superflu. Les voyageurs et les voyageuses ont envie de partir en 2030 Glorieuses et seront donc très reconnaissant·e·s si vous leur donnez rapidement l'opportunité de se lancer dans leurs utopies. N'hésitez également pas à faire preuve de transparence : c'est votre première fois et ce n'est pas grave. Si vous prévenez le groupe tout de suite et que vous leur demandez un peu d'indulgence, cela vous enlèvera aussitôt un peu de poids et surtout le groupe s'en trouvera d'autant plus responsabilisé. Il n'est pas impossible qu'il y ait ce jour-là des gens qui soient expérimentés dans l'animation d'ateliers et qui joueront le rôle d'alliés pour vous aider à ne rien oublier d'important.

Enfin, n'hésitez pas à préparer cette introduction en amont et à **vous entraîner**. Vous pouvez écrire sur un morceau de papier les quelques éléments clés que vous ne voulez pas oublier, même si faire vivre le départ en 2030 Glorieuses sans support est encore plus puissant. Demandez également à une personne de votre entourage si elle veut bien vous donner son avis sur votre *pitch* ou enregistrez-vous dans les conditions « du direct » pour pouvoir écouter plusieurs fois votre discours et améliorer ce qui, selon vous, a besoin de l'être.

Conseils pour vivre un voyage vivant et vibrant

C'EST TOUT À FAIT ACCEPTABLE (ET MÊME RECHERCHÉ) D'ÊTRE UTOPISTE, BISOUNOURS, RÊVEUR OU RÊVEUSE, NAÏF OU NAÏVE.

Lors du voyage en 2030 Glorieuses, ne vous mettez pas trop de pression. Vous êtes surtout là pour assurer un cadre serein afin que les participants et les participantes puissent laisser toute la place à leur imagination. Prenez le parti dès le début de faire un pas de côté si vous sentez que la conversation devient trop technique. Utilisez l'humour, la dérision, surprenez les personnes qui participent à ce voyage avec une idée farfelue pour montrer que, pendant ces deux heures, c'est tout à fait acceptable (et même recherché) d'être utopiste, bisounours, rêveur ou rêveuse, naïf ou naïve.

Petit rappel, vous êtes en France : le pays le plus pessimiste au monde. Votre mission essentielle sera donc de « maintenir » les voyageurs en

2030 Glorieuses. Soyez particulièrement vigilant·e aux « oui, mais… » et à toutes les références au présent et à ses limites. N'hésitez pas à conseiller aux membres du groupe de se forcer à commencer leurs phrases par « Moi, en 2030 Glorieuses » pour leur donner de bonnes habitudes et à utiliser les cartons jaunes (les cartons détachables dans cet ouvrage qui servent à fluidifier les conversations tout en permettant aussi d'ajouter une touche d'humour) à votre disposition pour faire de cette « difficulté » un jeu.

Un voyage réussi cochera les deux missions suivantes. Ça peut donc valoir le coup de lister ces objectifs en introduction pour leur donner de la visibilité et responsabiliser les participantes et les participants afin que tout le monde soit « dans le même bateau » au moment de débuter le voyage en 2030 Glorieuses.

– Les 2030 Glorieuses sont puissantes quand elles sont collectives et diverses. Les visions peuvent (et doivent) être multiples dans une même soucoupe volante. Pas besoin de convaincre absolument la personne qui ne pense pas comme vous. Au contraire, les différentes utopies créent la richesse et la résilience, et l'intelligence est une force que nous devons rechercher et valoriser. Donner la possibilité à des personnes qui ne se seraient pas rencontrées dans un autre contexte d'évoquer les nouvelles abondances de nos sociétés à venir est un cadeau que vous leur faites. Dans une société où nous sommes de plus en plus enfermés dans des « bulles » avec des gens du même âge, du même milieu social, avec les mêmes idées, etc., le fait de pouvoir échanger sur des sujets d'une telle importance avec des inconnus est non seulement très rare mais aussi nécessaire, car un pays qui change avec ambition est un pays qui se parle, qui se comprend et qui coopère pour le bien commun.

– Les 2030 Glorieuses sont joyeuses et malicieuses. Cet atelier a été conçu pour permettre de recréer un lien de désir avec l'avenir et ça commence par se mettre à jouer avec les imaginaires de manière très sérieuse ! L'important

n'est donc pas d'être pragmatique, mais bien de laisser le plus de place possible à son enfant intérieur. Dès qu'il s'agit de parler d'écologie, nous avons tendance à évoquer tout ce qui ne fonctionne pas, les changements qui ne viennent pas assez vite et toutes les crises qui nous attendent dans les années à venir. Pas étonnant que la majorité de la population ne veuille pas consacrer plus de temps et d'énergie à faire de ces sujets une des grandes préoccupations de leur vie. La joie est contagieuse. La joie est mobilisatrice. La joie est libératrice. Le fait de discuter de l'avenir en faisant de cette joie une fin et un moyen est un levier de transformation majeur et il apparaît donc essentiel de faire vivre cet état d'esprit aux voyageurs et aux voyageuses en leur donnant l'autorisation d'évoquer ces sujets sérieux en prenant du plaisir, voire en s'amusant !

Rencontrer sa version des 2030 Glorieuses

Une fois que le cadre aura été posé et que le déroulé aura été présenté, le voyage en 2030 Glorieuses pourra réellement commencer.

Demandez aux voyageurs et aux voyageuses de fermer les yeux pendant quelques minutes afin de se préparer à ce voyage utopiste. Vous pouvez les inviter à se concentrer sur leur souffle pour faire le vide dans leur tête. Vous pouvez également commencer à leur donner à voir quelques bribes des 2030 Glorieuses en évoquant certaines valeurs phares de ces mondes durables et solidaires.

Ce moment est crucial puisqu'il crée les conditions pour que chaque voyageur ou voyageuse puisse « rencontrer » sa version en 2030 Glorieuses. Autorisez-les à rêver en grand, à se projeter avec ambition

EN 2030 GLORIEUSES, TOUT EST POSSIBLE.

sans se fixer aucune limite ni se laisser entraver par aucun obstacle. En 2030 Glorieuses, tout est possible.

Une fois les deux ou trois minutes de silence et d'introspection écoulées, reprenez la parole en faisant mine d'avoir oublié de vous présenter : « C'est vrai que je ne vous ai pas dit qui je suis en 2030 Glorieuses... » Place à votre imagination avec ces quelques questions pour vous aider.

- **Quelle cause prend une place centrale dans votre quotidien ?**
- **Quel est votre métier de sens et quels impacts avez-vous grâce à celui-ci ?**
- **Comment donnez-vous plus de place à la joie, à l'humour, à l'amour ou encore à la contemplation dans votre vie ?**
- **Quelle place pour la créativité au jour le jour et comment l'exprimez-vous ?**

Si vous en avez besoin, prenez quelques heures (ou même quelques jours) pour réfléchir à ces questions et définir votre vision en 2030 Glorieuses. Pour vous aider dans cette tâche, prenez des notes, dessinez, vous pouvez même écrire une chanson ou faire un collage pour vous aider à y voir plus clair et à poser sur le papier votre version des 2030 Glorieuses encore plus extraordinaire que celle que vous êtes déjà dans le présent.

VOICI UNE PETITE SÉLECTION NON EXHAUSTIVE DES PROJECTIONS DES GUIDES OU DES VOYAGEURS ET VOYAGEUSES EN 2030 GLORIEUSES...

– En 2030 Glorieuses, je travaille à mi-temps et je m'implique beaucoup plus dans le tissu associatif de mon quartier pour développer le sentiment de vivre-ensemble.

– En 2030 Glorieuses, je ne cours plus après le temps, mais je l'apprivoise au quotidien en passant moins de temps derrière les écrans et plus de temps avec les gens que j'aime à faire les choses qui me sont chères, comme me promener dans la nature, chanter, danser ou cultiver mes légumes dans mon jardin.

– En 2030 Glorieuses, je m'implique régulièrement dans la vie démocratique de mon territoire pour donner mon avis et construire un milieu qui me fait envie. Je participe aux conseils de quartier, je donne mon avis lors du budget participatif, j'envisage même de participer aux prochaines élections municipales pour m'impliquer encore plus dans la vie de ma cité.

– En 2030 Glorieuses, je laisse plus de place à mon altruisme. La chambre de mon fils qui a quitté la maison est désormais utilisée pour accueillir des migrants de passage et dans le besoin. Je participe également à une association qui collecte et partage les invendus alimentaires pour les personnes dans le besoin.

– En 2030 Glorieuses, je pars découvrir le monde avec ma femme et mes deux enfants le temps d'une année. Nous partons à vélo pour prendre le temps de voir évoluer le paysage au fur et à mesure des kilomètres et pour créer plus d'occasions de rencontrer les gens du coin.

– En 2030 Glorieuses, je suis activement impliqué·e dans le respect de la vie des espèces non humaines. Je ne mange plus de viande et je travaille dans une association qui accueille des animaux sauvés des abattoirs pour leur permettre d'avoir une fin de vie digne.

– En 2030 Glorieuses, j'ai un lien plus fort avec ma famille et les liens intergénérationnels sont plus valorisés. Nous avons décidé d'accueillir mes parents chez nous pour pouvoir les aider à affronter les épreuves de l'âge sereinement, mais aussi pour leur donner la possibilité de passer plus de temps avec leurs petits-enfants. Nous avons également fait installer une *tiny house* dans le jardin pour la famille éloignée ou les amis de passage afin qu'ils se sentent toujours les bienvenus et qu'on puisse avoir de belles tablées le plus régulièrement possible.

Et après ? Comment bien clôturer le voyage en 2030 Glorieuses

À la fin de l'atelier, on compte sur vous pour parler de la galaxie 2030 Glorieuses (podcast, site Web, livre, etc.), mais aussi pour recruter des personnes intéressées à l'idée d'organiser à leur tour un voyage en 2030 Glorieuses.

Vous aurez également la responsabilité de nous faire un retour concernant l'organisation de cet atelier. Vous trouverez sur l'Auberge 2030 Glorieuses en ligne un formulaire pour nous raconter comment s'est passé l'atelier, nous dire combien de personnes ont participé, quels sont les retours qui vous ont été faits à chaud, etc. C'est une étape très importante qui nous permettra de bien mesurer l'impact de notre travail tout en nous donnant des pistes pour continuer à améliorer nos outils.

N'oubliez pas que vous êtes nos meilleur·e·s ambassadeurs et ambassadrices. Merci de partager quelques photos de l'atelier sur les réseaux sociaux en utilisant le hashtag #2030glorieuses et en mentionnant la page @2030Glorieuses du réseau social correspondant. C'est en publiant des témoignages enthousiasmants que vous donnerez envie à d'autres personnes de voyager en 2030 Glorieuses.

Par la suite, nous vous attendons avec impatience pour continuer à progresser avec vous. Vous pourrez nous rejoindre lors d'un déjeuner utopiste en ligne pour nous raconter comment s'est passé votre dernier voyage, partager avec nous vos interrogations et vos bonnes pratiques. Vous êtes également les bienvenu·e·s pour participer aux événements « Refuge 2030 Glorieuses » que nous organisons régulièrement pour vous faire rencontrer des personnes inspirantes qui creusent la thématique des utopies.

Si vous souhaitez vous impliquer plus régulièrement dans le projet 2030 Glorieuses, dites-le-nous ! Nous sommes toujours à la recherche de talents pour nous aider sur nos projets en cours, que ce soit en matière de prospection, de communication, de formation ou encore de développement de nos outils pédagogiques !

L'équipe derrière les 2030 Glorieuses entend aussi jouer le rôle de facilitatrice/conseillère des initiatives qui seraient créées à la suite d'un voyage utopiste. Une première expérience a été menée avec deux personnes qui se sont lancées dans une aventure extraordinaire : celle de créer et de vivre le premier Service utopiste. Pendant trois semaines, elles ont marché de Lyon jusqu'à Paris pour aller à la rencontre des Françaises et des Français et révéler leurs utopies en leur faisant expérimenter un voyage en 2030 Glorieuses (plus d'infos ici : www.instagram.com/notre_service_utopiste). Nous sommes donc à l'écoute de toutes vos idées.

Enfin, nous comptons sur vous pour nous aider à faire que les 2030 Glorieuses trouvent le maximum d'ancrages au niveau local en créant des communautés présentes et dynamiques aux quatre coins de la France pour nous rencontrer dans la vraie vie, nous entraider pour de prochains voyages utopistes ou même organiser des formations de futur·e·s guides en présentiel. Cet élan, bien qu'encore jeune, se traduit par des expérimentations territoriales concrètes comme c'est le cas avec l'expérience Breizh Utopia (www.linkedin.com/company/breizh-utopia) qui, à l'initiative de trois personnes, propose d'animer le maximum d'ateliers prospectivistes en Bretagne, mais aussi de faciliter l'accueil et la formation des personnes qui souhaiteraient à leur tour devenir animateurs ou animatrices de voyages utopistes.

QUELQUES TUYAUX DE SANDRINE ROUDAUT POUR FAIRE MENER UN VOYAGE EN 2030 GLORIEUSES QUI DÉPAYSE VRAIMENT…

— Poser des visions radicales : ce qui est a priori irréalisable nous oblige à nous affranchir de nos réflexes, de nos cadres de pensées et de nos peurs. Bref, rêvez en grand et n'hésitez

pas à proposer des choses qui paraîtraient complètement impensables aujourd'hui ; par exemple : en 2030 Glorieuses... l'évasion fiscale est interdite à l'échelle mondiale, des droits sont donnés à la nature pour pouvoir la défendre et interdire son exploitation devant les tribunaux, etc.

— Vous autoriser l'imperfection et l'ouverture à l'inattendu, personne ne sait encore comment nos utopies se réaliseront, il n'y a pas de plan. Lancez donc une idée comme elle vous vient et invitez les autres participants et participantes à rebondir. C'est un jeu qui se nourrit de l'intelligence collective et de la capacité d'improvisation de tout le monde.

— Expérimenter, agir, tester, plutôt que théoriser, préjuger de l'effet. C'est dans l'action qu'on trouve ses alliés et que l'on prend confiance. Le chemin et l'objectif s'alimentent l'un l'autre et ce serait donc contre-productif que vous vous autocensuriez dès qu'il s'agit de l'utopie.

— Et surtout, prenez soin de l'utopiste en vous, abreuvez-vous à des écrits, des films, des fictions qui nourrissent vos imaginaires et votre foi en vous, en nous.

CONCLUSION

Faire communauté en (et grâce aux) 2030 Glorieuses

Si je suis persuadé que nous avons besoin de regarder l'avenir avec entrain pour le faire advenir, j'ai l'intime conviction que cela ne pourra se faire que si on redécouvre la puissance du « faire ensemble ». Notre futur sera collectif ou il ne sera pas ! Un enjeu qui pourrait apparaître comme hors de portée pour notre humanité qu'on dit individualiste et égoïste et qui pourtant, lors de graves crises, montre à quel point elle est capable d'altruisme et de générosité.

En vous emparant des 2030 Glorieuses, vous prenez donc à bras-le-corps ces deux défis pour transformer votre vie et celle des personnes qui vous entourent pour le meilleur.

Vous verrez d'ailleurs très vite à quel point le sujet des nouveaux récits est en plein essor. Il y a en ce moment un nombre grandissant de citoyennes et de citoyens qui s'intéressent à ces questions, se réunissant pour échanger leurs inspirations et leurs réflexions. Une communauté en construction, certes, mais une communauté créative, rafraîchissante et joyeuse. Une communauté qui n'attend que vous...

POUR VOUS CONNECTER AVEC D'AUTRES UTOPISTES

→ Les déjeuners utopistes : organisés toutes les deux semaines sur le temps du repas, ils permettent aux personnes qui découvriraient notre outil de poser leurs questions pour clarifier leur compréhension des 2030 Glorieuses. Les guides de voyage (débutant·e·s comme expert·e·s) se joignent à nous pour partager leur vision, leurs expériences et échanger leurs inspirations et leurs bonnes pratiques. Inscriptions sur www.2030glorieuses.org.

→ Les formations en ligne : un module de formation a été créé pour permettre à toutes les personnes qui le souhaiteraient de se former en quelques heures afin d'animer un voyage en 2030 Glorieuses. Ces formations proposées toutes les deux semaines (une dans l'après-midi et une en soirée) à prix libre sont l'occasion de revoir le déroulé de l'atelier en détail, puis de se tester dans le rôle d'un guide de voyage. Inscriptions sur www.2030glorieuses.org.

→ Les soirées « refuge » : des temps d'échanges et de rencontres avec des personnalités inspirantes sont proposés régulièrement à la communauté lors d'événements en ligne pour pouvoir continuer à évoquer ensemble la question du pouvoir des nouveaux récits.

VOS NOTES
DES 2030 GLORIEUSES

Vos pépites

Vos interrogations

Vos doutes

Vos engagements pour les 2030 Glorieuses

RESSOURCES POUR NOURRIR L'UTOPISTE QUI EST EN VOUS

Formations, ateliers et communautés utopistes

→ **Futurs proches** : ce collectif anime des ateliers de coécriture de récits d'anticipation désirables sur des thématiques d'adaptation et de résilience écologique ainsi que de transition sociale et démocratique. Ces récits interrogent notre futur autour de thématiques de transition ou d'adaptation écologique ainsi que de transition sociale et démocratique. *Plus d'infos ici : www.futursproches.com.*

→ **La Fresque des nouveaux récits** : un atelier qui propose d'explorer le pouvoir de transformation des nouveaux récits à l'échelle de l'individu comme à celle des organisations à travers un atelier de 3 h découpé en deux parties.

1. La première partie consiste à manipuler des cartes pour mieux comprendre les freins sociocognitifs à la transition. Elle est basée sur une importante bibliographie en sciences humaines et sociales et permet de prendre conscience de l'intérêt des nouveaux récits pour lever ces freins.

2. La seconde partie s'inspire du Design fiction et consiste à rédiger, en équipes, des histoires permettant de faire évoluer un ou plusieurs micro- ou macro-récits obsolètes, afin de se projeter vers un avenir désirable, compatible avec les limites planétaires. *Plus d'infos ici : www.fresquedesnouveauxrecits.org.*

→ **Le Match du siècle** : un atelier immersif et collaboratif gratuit de 3 h proposé par Ticket for change pour reprendre confiance en l'avenir, vous reconnecter à vos rêves et vos talents, et agir pour le monde de demain. *Plus d'infos ici : www.ticketforchange.org/lematchdusiecle.*

→ **L'Institut des Futurs souhaitables** : une école de prospective des souhaitables qui propose des formations, courtes et longues pour éclairer nos décisions présentes. *Plus d'infos ici : www.futurs-souhaitables.org.*

→ **Fertîles** : une école de la coopération et de l'engagement, au service des transitions écologique, sociale et démocratique. *Plus d'infos ici : www.fertiles.co/.*

Web

→ www.conventioncitoyennepourleclimat.fr
→ www.mission-climat.io
→ www.fabriquedesrecits.com
→ www.agenda-2030.fr
→ www.utopies-concretes.org
→ www.et-si.alternatiba.eu
→ www.utopicfiction.com

Livres

→ Attac, *Manuel d'histoire du futur. 2020-2030. Comment nous avons changé de cap*, Les Éditions de l'Atelier, 2020.

→ Baudin Mathieu, *Dites à l'avenir que nous arrivons, la (r)évolution des conspirateurs positifs*, Alisio, 2020.

→ Bregman Rutger, *Utopies réalistes*, Points, 2018.

→ Callenbach Ernest, *Écotopia*, Folio SF, 2021.

→ Collectif, *Et si… le monde d'après ne ressemblait pas au monde d'avant ?*, Alternatiba, 2021.

→ Dossier Julien, *Renaissance écologique, 24 chantiers pour le monde de demain*, Actes Sud, 2019.

→ Duverger Timothée, *Utopies locales. Les solutions écologiques et solidaires de demain*, Éditions Les petits matins, 2021.

→ Gabrielle Ève, *La part cachée du monde*, Les Éditions de la Mer salée, 2021.

→ Hopkins Rob, *Et si… on libérait notre imagination pour créer le futur que nous voulons ?*, Actes Sud, 2021.

→ Roudaut Sandrine, *Les Déliés*, Les Éditions de la Mer salée, 2020.

→ Roudaut Yannick, *Quand l'improbable surgit, un autre futur revient dans la partie*, Les Éditions de la Mer salée, 2020.

→ Viveret Patrick, *La Cause humaine. Du bon usage de la fin du monde*, Les Liens qui libèrent, 2012.

Des récits à explorer (et parfois à écrire)

→ Les participations au concours des Pandas Roux. En 2030, à quoi ressemble votre monde enviable ?

→ Les nouvelles issues d'ateliers d'écriture collectifs intitulés Bright Mirror menés par le cabinet de conseil Bluenove en partenariat avec le magazine Usbek & Rica : https ://usbeketrica.com.

→ Le projet *Futures Fragments* mené par le réseau Université de la Pluralité : https ://www.plurality-university.org.

→ La Bibliothèque des récits transformateurs également lancée par le réseau Université de la Pluralité : https ://platform.plurality-university.org/narratopia/.

→ Les microrécits collectés par Futurs proches : https ://www.futurs-proches.com/.

→ Les tendances proposées par les journalistes de Novethic dans leur série Le monde en 2050 : www.novethic.fr/le-monde-en-2050.html.

→ Le festival des Utopiales à Nantes qui explore les nouveaux imaginaires chaque année : www.utopiales.org/.

→ Explorer la carte des Utopies concrètes pour agir et se former à côté de chez soi : http ://utopies-concretes.org/#/map.

Magazines

→ *Usbek & Rica*.
→ *We Demain*.
→ *Socialter*, hors-série « Le réveil des imaginaires ».
→ *La Relève et la Peste* : https ://lareleveetlapeste.fr/.
→ *Reporterre* : https ://reporterre.net/.

Podcasts

→ Dites à l'avenir que nous arrivons de Mathieu Baudin
→ Soif de sens de Pierre Chevelle

→ Nouvel Œil de Victoria Guillomon
→ Sismique de Julien Devaureix

Et bien sûr

→ Le site www.cacommenceparmoi.org.
→ Le podcast 2030 Glorieuses.
→ Le livre *2030 Glorieuses. Utopies vivante*s publié par Julien Vidal chez Actes Sud en 2022.
→ Et tout le reste sur www.2030glorieuses.org.

Vos autres idées pour voyager

→

→

→

→

→

→

→

→

→

→

→

→

REMERCIEMENTS

Merci à Loriane et Quentin de faire en sorte que les 2030 Glorieuses soient aussi belles grâce à leurs talents.

Merci à Arthur de m'aider à développer et à déployer cet univers utopiste grâce à son énergie et ses ressources infinies.

Merci à mon entourage de me donner la chance de pouvoir vivre au quotidien mes 2030 Glorieuses.

Merci à Isabelle et aux Éditions Jouvence de rendre ce projet éditorial possible.

Merci enfin à toutes les personnes qui se saisissent de ces 2030 Glorieuses, les remplissent, les incarnent, les propagent, les portent, les légitiment !

Julien Vidal

Dans la même collection aux Éditions Jouvence

3, 2, 1... CLIMATARIEN·NE
Réduis ton impact environnemental avec une alimentation végétale
Mélanie Sancery-Gay

160 pages - 14,95 €

MEUF GREEN
En transition vers une vie écoconsciente et décomplexée
Deborah Lopes

160 pages - 14,9 5€

Licence libre

Ce livre-outil peut donc être, par exemple, utilisé pour animer gratuitement des voyages en 2030 Glorieuses dans les écoles et auprès du grand public, ou être facturé auprès d'une collectivité ou une entreprise. Si cet atelier fait l'objet d'une prestation facturée, nous encourageons sincèrement à ce qu'une partie de la somme collectée soit reversée sous forme de don à l'association Ça commence par moi (en général, les guides professionnels reversent 10 % de la somme totale, voire 20 % si l'atelier a été organisé à l'initiative de l'association Ça commence par moi et un de ses partenaires) afin de lui donner la possibilité d'assurer et de développer ses missions de sensibilisation.

Dépôt légal : septembre 2023
Achevé d'imprimer en septembre 2023
Imprimé en Slovaquie par Polygraf

Les cartes oracles
2030 Glorieuses
révolution
délicieuse
L'agroécologie

Créer une force d'intervention mondiale pour **lutter contre** les bateaux pirates qui pratiquent **la surpêche**, comme cela a été fait avec huit pays d'Afrique qui ont créé la FISH-i Africa en comptant sur le soutien de Greenpeace et Sea Shepherd.

Les **denrées alimentaires importées** font le voyage **à la voile**. Comme le chocolat avec l'entreprise Grain de Sail.

Les **agriculteurs** utilisant les principes d'**agroécologie** et de **permaculture** deviennent **la norme** en suivant des exemples du réseau Terre et Humanisme.

L'empreinte carbone des aliments est **affichée** systématiquement, en s'inspirant du travail qui a été fait par l'application Etiquettable.

Développer les ceintures agroécologiques autour des villes et généraliser l'utilisation de **produits locaux dans les cantines** comme l'a fait la ville de Liège avec son projet de Ceinture Aliment-Terre.

Les épiceries et les supermarchés ont **tous adopté le principe du vrac** comme il était mis en avant par le Réseau Vrac.

Les collectivités territoriales ont généralisé le **compostage partout** en France.

Instaurer une taxe sur la malbouffe en suivant l'exemple de la Hongrie et du Mexique.

Les **entreprises** n'ont **plus le droit d'importer des produits cultivés sur des terres déboisées**, comme va le faire l'Union européenne.

carte oracle • l'agroécologie

carte oracle • l'agroécologie

Vous avez d'autres idées ? N'hésitez pas à proposer d'autres exemples qui méritent de se déployer en 2030 Glorieuses.

Imagine demain, Éditions Jouvence
créé par Julien Vidal de Ça commence par moi
graphisme • Loriane Montaner • illustration • Quentin Caillat

Les cartes oracles
2030 Glorieuses

Redévelopper des lignes de trains abandonnées pour proposer des alternatives à la voiture comme ce que fait la coopérative Railcoop entre Lyon et Bordeaux.

Faciliter les trajets à vélo en augmentant notamment le nombre de pistes cyclables comme le fait Strasbourg dans le cadre de son plan vélo.

Favoriser le partage des vélos cargos pour toutes et tous comme le fait la Métropole de Lyon.

Interdire les centres-villes aux voitures et créer des parkings relais pour faciliter les déplacements comme à Pontevedra en Espagne.

Créer les conditions favorables pour un **retour fort à l'usage des transports en commun** comme le fait l'Allemagne avec son D-Ticket qui permet de voyager sur l'ensemble du réseau de transport urbain et régional pour moins de 50 euros par mois.

Favoriser la production de voitures plus légères (autour de 600 kg) comme la Renault Twizy ou la Citroën Ami pour des **déplacements moins énergivores** en ville.

Instaurer une loterie nationale distribuant 500 000 vols nationaux d'ici 2030 et supprimer les vols intérieurs qui ont une alternative par la route ou le rail.

Déployer dans toutes les entreprises et les organismes publics **des plans de mobilité réellement ambitieux** (covoiturage avec Mobicoop, ramassage des salariés en bus, indemnités kilométriques pour le vélo…).

Redynamiser **les trains de nuit** avec 15 lignes nationales en suivant la dynamique Nightjet vers 25 villes d'Europe.

Vous avez d'autres idées ? N'hésitez pas à proposer d'autres exemples qui méritent de se déployer en 2030 Glorieuses.

carte oracle • la mobilité active

carte oracle • la mobilité active

Imagine demain, Éditions Jouvence
créé par Julien Vidal de Ça commence par moi
graphisme • Loriane Montaner • illustration • Quentin Caillat

Les cartes oracles

2030 Glorieuses

Soutenir et encourager les projets d'habitats intergénérationnels comme le fait Habitat et Humanisme avec un bénéfice double: lutter contre l'isolement des personnes âgées et faciliter l'accès au logement pour les jeunes.

Les plateformes de location de logements sont solidaires et écologiques dans la lignée de GreenGo et de Fairbnb.

Développer les **projets d'écoquartiers passifs et dépolluants** comme le Heidelberg Village en Allemagne.

Zéro logement vacant en 2030 grâce à la réoccupation des logements vacants et la réquisition si nécessaire, pour limiter la spéculation, l'étalement urbain et répondre à l'urgence sociale en s'inspirant de ce que fait le Calvados avec le défi « zéro logement vacant ».

Développer des **habitats participatifs et des écolieux** accessibles à toutes et à tous en suivant l'expérience et l'expertise de La Coopérative Oasis.

Simplifier les autorisations nécessaires à la **construction des habitats légers et alternatifs** partout sur le territoire comme ce qui a été fait en Wallonie.

Accélérer le grand chantier de la rénovation énergétique comme le souhaite le Parlement européen qui demande à ce que tous les nouveaux logements construits à partir de 2028 soient neutres en carbone et que les biens notés F et G disparaissent à la fin de la décennie.

carte oracle • le logement durable

carte oracle • le logement durable

Lutter contre la spéculation immobilière pour permettre au plus grand nombre **l'accès à un logement décent** et situé proche de son lieu de travail ou d'études comme à Bayonne ou en Bretagne où des collectifs citoyens s'organisent contre la mainmise du logement touristique.

Vous avez d'autres idées ? N'hésitez pas à proposer d'autres exemples qui méritent de se déployer en 2030 Glorieuses.

Imagine demain, Éditions Jouvence
créé par Julien Vidal de Ça commence par moi
graphisme • Loriane Montaner • illustration • Quentin Caillat

. Les cartes oracles .

2030 Glorieuses

L'économie & la relance écologique

Adhésion des villes aux **monnaies locales complémentaires et citoyennes** afin de les mettre en place dans les services publics de la commune et de ses groupements, dans les budgets participatifs et dans le soutien aux associations comme la ville de Bayonne avec l'Eusko.

Relocaliser la production de nos objets en France comme les vélos Victoire ou les jeans 1083.

Transformation des supermarchés dans tout le pays avec des **rayons dédiés aux produits d'occasion** en partenariat avec des ressourceries, Envie et des centres Emmaüs.

Mettre en place un **vaste plan de transformation de l'économie française** pour nous emmener vers **la neutralité carbone**, secteur par secteur, comme le propose le Shift Project.

Instaurer le revenu universel en France pour suivre l'exemple des expérimentations faites en Finlande ou en Espagne.

Acter sur tout le territoire le retour de la consigne déjà présente à Lille avec la brasserie des Moulins d'Ascq ou à Lyon avec les bouteilles de vin grâce à la marque Oé.

Réglementer l'utilisation de l'épargne pour soutenir uniquement des entreprises du milieu de l'ESS, comme ce que fait actuellement Lita.co.

Rendre obligatoire **la comptabilité en triple capital à toutes les entreprises** dans la lignée de la Chaire « Comptabilité écologique » portée par AgroParisTech.

Standardisation de l'Éco-score à tous les produits de consommation et à tous les services.

1 2 3

Interdire la publicité pour les produits polluants, notamment pour les énergies fossiles et tout véhicule aérien, routier ou maritime fonctionnant aux énergies fossiles, comme le préconise la Convention citoyenne pour le climat.

Vous avez d'autres idées ? N'hésitez pas à proposer d'autres exemples qui méritent de se déployer en 2030 Glorieuses.

carte oracle • l'économie & la relance écologique
carte oracle • l'économie & la relance écologique
carte oracle • l'économie & la relance écologique

Imagine demain, Éditions Jouvence
créé par Julien Vidal de Ça commence par moi
graphisme • Loriane Montaner • illustration • Quentin Caillat

• Les cartes oracles •
2030 Glorieuses
low
tech
La cohérence technologique

Reproposer des abonnements téléphoniques et Internet où le client est facturé en fonction de sa consommation réelle de données mobiles, comme le fait déjà Telecoop.

Retrouver collectivement une **souveraineté technique** par la **réappropriation des savoirs et des savoir-faire** comme l'expérimente l'Atelier paysan avec les agricultrices et agriculteurs en France.

Encadrer l'utilisation d'Internet et **favoriser le déploiement des logiciels libres** dans la lignée de ce que fait déjà l'association Framasoft.

Démocratiser les *low-tech* pour redonner de l'**autonomie aux citoyennes et aux citoyens** dès qu'il s'agit d'utiliser des solutions technologiques en faisant découvrir le travail du Low-tech Lab dans les écoles.

Interdiction des écrans publicitaires numériques pour limiter la pollution visuelle et la consommation électrique, comme le demandent les associations Résistance à l'agression publicitaire (RAP), Plein la vue, Alternatiba, Greenpeace et ANV-Cop21.

×4

Multiplier par 4 la durée de vie des appareils en proposant des **tutoriels de réparation en ligne** pour tous les produits électroménagers et high-tech afin de compléter ce qui est déjà proposé sur iFixit, Sosav ou encore Spareka.

Diviser par deux la TVA pour toute activité professionnelle liée au secteur de la réparation comme l'a fait la Suède.

Nos **appareils électroménagers et électroniques** sont **réparables et évolutifs à vie** comme ce que propose Kippit avec sa bouilloire ou son lave-vaisselle *Made in France*.

Vous avez d'autres idées ? N'hésitez pas à proposer d'autres exemples qui méritent de se déployer en 2030 Glorieuses.

. Les cartes oracles .

2030 Glorieuses

carte oracle • le sens à l'emploi

Instaurer le revenu universel en France pour marcher dans les pas de pays comme la Finlande ou l'Espagne qui ont lancé des expérimentations de ce processus à grande échelle.

Accompagner la reconversion des entreprises et la transformation des métiers au niveau régional comme le souhaite la Convention citoyenne pour le climat.

Systématiser la revalorisation par les entreprises de leurs équipements informatiques (ordinateur, serveur, téléphone, imprimante, etc.) avec par exemple Envie ou Les ateliers du Bocage.

Permettre le départ à la retraite à 60 ans pour celles et ceux qui le souhaitent sans condition.

Travailler la quête de sens à l'emploi avec tous les étudiants grâce à des outils comme l'*ikigaï*.

Faciliter le mécénat de compétences des salariés auprès des associations en dupliquant sur le territoire des initiatives comme Pro Bono Lab ou Vendredi.

Développer des espaces de *coworking* partout en France.

Systématiser la possibilité de partir en congé solidaire pour partager et transmettre ses compétences et ses connaissances afin de venir en appui au développement de communautés locales et participer à la protection de la biodiversité et des forêts, comme le propose déjà Planète Urgence.

Faire du modèle coopératif le modèle d'organisation économique majoritaire comme le souhaite le mouvement des Scop en France.

Vous avez d'autres idées ? N'hésitez pas à proposer d'autres exemples qui méritent de se déployer en 2030 Glorieuses.

Imagine demain, Éditions Jouvence
créé par Julien Vidal de Ça commence par moi
graphisme • Loriane Montaner • illustration • Quentin Caillat

Les cartes oracles

2030 Glorieuses

Systématiser les formations à la vie démocratique pour la jeunesse en s'inspirant du travail de l'association Tous Élus.

Mettre en place des **élections présidentielles faites au jugement majoritaire** plutôt qu'au suffrage majoritaire.

Valider la reconnaissance du vote blanc comme le font l'Espagne ou les Pays-Bas.

Inscrire les limites planétaires dans l'article n° 1 de notre Constitution comme le demande l'association Notre Constitution écologique.

Créer une **commission extra-municipale du temps long pour représenter les intérêts de la nature et des générations futures**, et s'assurer de l'adéquation des grands projets des communes et de leurs groupements avec les enjeux écologiques, sociaux et climatiques.

Faciliter le processus de référendum populaire pour que l'opinion publique puisse saisir le pouvoir politique plus rapidement en s'inspirant du modèle suisse.

Remplacer le PIB par de nouveaux indicateurs sociétaux pour inclure le bien-être et la protection de l'environnement comme le Bonheur national brut au Bhoutan.

Acter la **création d'autres assemblées citoyennes pour traiter des sujets les plus urgents** suite au succès de la Convention citoyenne pour le climat.

Systématiser le mécanisme du **budget participatif** dans toutes les villes de France.

Vous avez d'autres idées ? N'hésitez pas à proposer d'autres exemples qui méritent de se déployer en 2030 Glorieuses.

carte oracle • la cohérence démocratique
carte oracle • la cohérence démocratique

Les cartes oracles

2030 Glorieuses

La protection & la régénération du vivant

Accorder à la nature une personnalité juridique pour mieux la protéger, comme cela a été fait en Nouvelle-Zélande.

Développer un vaste plan de reforestation, comme ce que propose le gouvernement malgache qui annonce vouloir replanter 60 millions d'arbres par an.

Lancer la **création d'une troupe internationale de casques verts pour assurer la protection de la biodiversité** partout dans le monde en s'inspirant du travail de l'ONG Sea Shepherd.

Prévoir de **vastes plans de renaturation des villes** pour notamment lutter contre l'érosion de la biodiversité et contre les phénomènes d'îlots de chaleur, comme le fait la ville de Rouen avec son plan « Rouen naturellement ».

Rejoindre une **mission de Service civique qui permette de participer à la protection du vivant** en France.

Éviter tout nouveau projet d'artificialisation des terres en favorisant la réhabilitation des friches industrielles, comme ce qui a été fait avec le projet Darwin à Bordeaux.

Créer des **sanctuaires marins pour protéger la biodiversité, reconstituer les stocks de poissons et freiner les changements climatiques,** comme cela a été fait aux îles Cook avec une zone de 1,9 million de km².

Promouvoir la possibilité pour les citoyens et les citoyennes d'inscrire leur terrain en tant que refuge de la biodiversité auprès de la LPO.

Vous avez d'autres idées ? N'hésitez pas à proposer d'autres exemples qui méritent de se déployer en 2030 Glorieuses.

carte oracle • la protection & la régénération du vivant

carte oracle • la protection & la régénération du vivant

Imagine demain, Éditions Jouvence
créé par Julien Vidal de Ça commence par moi
graphisme • Loriane Montaner • illustration • Quentin Caillat

Les cartes oracles

2030 Glorieuses

carte oracle • la bonne santé

Lancer un **vaste plan de prévention du bruit dans toutes les villes de France** dans la lignée d'un projet citoyen porté à Grenoble qui milite pour que nous puissions tous et toutes prétendre au droit au calme.

Encourager l'adoption par le grand public d'habitudes alimentaires végétariennes pour réduire de deux tiers les risques de maladies en comparaison avec un régime omnivore et limiter l'impact environnemental de notre alimentation (baisse des émissions de gaz à effet de serre et limite de la perte de biodiversité).

Bannir totalement les perturbateurs endocriniens des cosmétiques et des produits d'hygiène, comme le demande l'association Générations Cobayes.

Mettre en place des **chèques alimentaires pour les plus démunis à utiliser dans les AMAP** ou pour des produits bios.

Promouvoir, et continuer à **travailler sur le concept de « santé planétaire »** pour mieux prendre en charge les individus dans leur environnement global qu'il soit familial, professionnel, social, mais également lié aux écosystèmes et au climat, avec toutes les interconnexions que cela implique.

carte oracle • la bonne santé

carte oracle • la bonne santé

Encourager la pratique d'une activité physique régulière pour toutes et tous **le plus longtemps possible** pour profiter de ses bienfaits (physiologiques, cognitifs, biomécaniques, psychiques, mais aussi sociaux), comme le propose l'association Viacti.

Interdire définitivement l'usage des pesticides dans l'agriculture comme l'a fait le Sikkim, État du nord de l'Inde, en convertissant ses 7000 km² de terres à l'agriculture biologique.

Mettre en place **un programme ambitieux de lutte contre la pollution atmosphérique** partout en France.

Vous avez d'autres idées ? N'hésitez pas à proposer d'autres exemples qui méritent de se déployer en 2030 Glorieuses.

Imagine demain, Éditions Jouvence
créé par Julien Vidal de Ça commence par moi
graphisme • Loriane Montaner • illustration • Quentin Caillat

Les cartes oracles

2030 Glorieuses

Systématiser le **suivi de la biodiversité tout au long de la scolarité** en intégrant au programme scolaire des projets comme Vigie-Nature école proposé par le Muséum national d'histoire naturelle.

Intégrer **dans les programmes scolaires la pratique quotidienne de la méditation** et des ateliers de philosophie, comme le recommande l'association SEVE.

Recréer un **maillage étroit de cafés associatifs** partout en France pour **renforcer la solidarité** entre les habitants et les habitantes d'un même quartier tout en facilitant l'accès à la culture pour toutes et tous.

Faire **cohabiter les crèches et les maisons de retraite** comme au multiaccueil La Môme à Paris.

Généraliser des **formations gratuites pratiques et manuelles pour les jeunes de 16 à 25 ans autour des métiers verts et verdissants**, comme le font les écoles ETRE.

Développer les événements culturels engagés sur la réduction de leur empreinte écologique comme le festival les Pluies de Juillet.

Construire un système éducatif basé sur des pédagogies fondées sur la coopération, l'autonomie et la bienveillance, dès la maternelle, en prenant exemple sur l'école des Amanins ou le Domaine du Possible.

carte oracle • l'éducation & la culture intérieure

carte oracle • l'éducation & la culture intérieure

Vous avez d'autres idées ? N'hésitez pas à proposer d'autres exemples qui méritent de se déployer en 2030 Glorieuses.

Imagine demain, Éditions Jouvence
créé par Julien Vidal de Ça commence par moi
graphisme • Loriane Montaner • illustration • Quentin Caillat

carte oracle • l'éducation & la culture intérieure

15 min ▸ **Introduction**
Présentation de l'atelier

2030 glorieuses

En tant que guide du voyage, prenez le temps pour poser les bases de ce temps d'échanges en répondant à ces questions :

→ Qu'est-ce que veut dire 2030 Glorieuses pour vous ? (Vous pouvez aussi faire lire le texte en jaune au centre de la carte si vous préférez.)

→ Pourquoi ce voyage (quels sont vos attentes et le contexte de cet échange) ?

→ Quel est le cadre de cet atelier ? (Fixez ensemble les règles qui vous permettront de mener une discussion sereine et constructive. Quelques pistes : écoute, bienveillance, non-jugement, partage de la parole, etc.)

→ Présentation du déroulé de la conversation :

- un temps de discussion libre et inspiré ;
- un temps de débat pour prioriser ;
- un temps pour revenir sur notre expérience et passer à l'action.

Durée

La version complète dure autour de 2 h.

Vous pouvez faire une version plus courte d'une heure en faisant un tour de table pour présenter votre quotidien en 2030 (avec le passeport pour vous guider) puis passer directement à la partie avec les cartes oracles.

2 min ▸ **Définition des rôles**
de chacun et chacune par table

→ Une personne se chargera de modérer les échanges en suivant les différentes étapes. C'est aussi elle qui gardera un oeil sur l'heure pour respecter les différentes étapes de l'épopée.

→ Une personne sera « la garante du temps présent ». C'est elle qui veillera à ce que les participantes et les participants restent bien en 2030 et ne parlent pas de l'époque actuelle. Au début, n'hésitez pas à demander que chaque protagoniste commence par « Moi, en 2030 Glorieuses » pour prendre les bons réflexes.

→ Une personne sera la rapporteuse. C'est elle qui notera les grandes lignes (1 page A4 recto maximum) de l'échange entre les participantes et les participants et les pépites de ce voyage en 2030. Chacun et chacune pourra ensuite prendre en photo ces notes ou s'organiser pour qu'un récapitulatif soit envoyé à l'ensemble du groupe par e-mail.

5 min

▸ Méditation

Début du voyage en 2030 Glorieuses

Demandez à toutes les participantes et tous les participants de fermer les yeux quelques secondes pour bien se projeter en 2030 Glorieuses. Vous pouvez utiliser un exercice de respiration, de méditation, et profiter de ce silence pour partager quelques bribes de vos 2030 Glorieuses de façon collective ou individuelle.

Puis, chacun prend trois minutes pour répondre aux questions de sa carte individuelle !

---

95 min

▸ Rencontre, discussion, débat et action

Le temps du voyage en sous-groupes

Mettez-vous un peu en retrait pendant cette période. Vous continuez à faire respecter le tempo et à veiller à ce que chaque groupe passe par toutes les étapes. Déambulez entre les tables pour répondre aux interrogations, sentir l'ambiance et partager vos pépites.

---

5 min

▸ Conclusion

De retour de voyage en 2030 Glorieuses

Ça y est, l'atelier va se terminer. Prenez le temps de remercier les participantes et les participants pour leurs partages et leur motivation. N'oubliez pas de remettre une carte défis à chaque protagoniste pour accompagner sa progression.

Enfin, donnez toutes les informations nécessaires concernant les 2030 Glorieuses pour les personnes qui souhaiteraient se procurer le kit, devenir animateurs ou animatrices et celles qui aimeraient continuer à creuser les utopies grâce au livre ou au podcast 2030 Glorieuses.

Si vous le pouvez, prenez quelques photos pour les partager sur les réseaux sociaux en taguant @2030glorieuses avec la mention #2030glorieuses

---

Carte consignes

pour le modérateur du sous-groupe

2030 glorieuses

20 min

▸ Rencontre

Et vous en 2030 Glorieuses ?

Maintenant que vous êtes en petit groupe, vous allez pouvoir échanger et rêver ensemble à votre monde et au monde de demain ! Commencez par un premier tour de table pour vous présenter et raconter à quoi ressemble votre quotidien en deux ou trois minutes par personne.

30 min

▸ Discussion

À quoi ressemblent les 2030 Glorieuses ?

Ensuite, de manière plus spontanée et plus aléatoire, suivez ces questions pour alimenter vos échanges en consacrant environ sept à huit minutes par sujet.

3.a • À quoi ressemble une société vraiment durable ET solidaire ?

3.b • Comment les citoyennes et les citoyens ont été l'étincelle d'un changement ambitieux...

3.c • Comment les décideuses et les décideurs politiques et économiques ont réussi à se mettre (enfin) à la hauteur des enjeux...

3.d • Quelles sont les nouvelles boussoles et les nouvelles croissances de notre société ?

30 min

▸ Débat

Les oracles des 2030 Glorieuses

Après avoir rêvé en grand, il est temps de laisser parler le ou la stratège qui est en vous. Répartissez les cartes oracles en fonction du nombre de personnes autour de la table. Chacun et chacune découvre les alternatives au dos de sa carte et sélectionne l'initiative qui lui semble la plus percutante, la plus transformatrice.

Ensuite, faites un tour de table pour présenter le choix de chacun et chacune, et tenter d'établir le top 3 des initiatives qui changeraient la France de retour dans notre présent si elles étaient appliquées à l'échelle nationale.

15 min

▸ **Action**
À vos souhaits

Prenez le temps de revenir en douceur dans le présent. Vous pouvez fermer les yeux pour digérer votre voyage ou vous pouvez même refaire un exercice de méditation comme lors de l'introduction.

Prenez votre passeport bleu et répondez individuellement aux deux questions qui vous sont posées.

Toujours en sous-groupe, vous pouvez ensuite partager votre ressenti après ce voyage en 2030 Glorieuses ou l'envie d'agir que celui-ci a suscitée ! Cela peut être une action concrète à réaliser, une personne inspirante à rencontrer ou un sujet à approfondir.

Si vous êtes avec ces gens que vous connaissez et que vous allez revoir bientôt, vous pouvez vous organiser pour continuer à creuser ces pistes utopistes en créant un groupe de conversation, en tirant au sort un « ange gardien utopiste » pour chaque membre parmi le groupe ou encore en consolidant et en affichant dans un lieu partagé vos actions pour les 2030 Glorieuses.

Si vous le pouvez, prenez quelques photos pour les partager sur les réseaux sociaux en taguant @2030glorieuses avec la mention #2030glorieuses

---

Les défis
2030
glorieuses

3 conseils

Ennuyez-vous pour mieux rêver.

Visitez les futurs souhaitables avec d'autres.

Tournez-vous vers des médias inspirants.

Les défis
2030
glorieuses

3 conseils

Ennuyez-vous pour mieux rêver.

Visitez les futurs souhaitables avec d'autres.

Tournez-vous vers des médias inspirants.

Les défis
2030
glorieuses

3 conseils

Ennuyez-vous pour mieux rêver.

Visitez les futurs souhaitables avec d'autres.

Tournez-vous vers des médias inspirants.

Les défis
2030
glorieuses

3 conseils

Ennuyez-vous pour mieux rêver.

Visitez les futurs souhaitables avec d'autres.

Tournez-vous vers des médias inspirants.

Les défis
2030
glorieuses

3 conseils

Ennuyez-vous pour mieux rêver.

Visitez les futurs souhaitables avec d'autres.

Tournez-vous vers des médias inspirants.

Les défis
2030
glorieuses

3 conseils

Ennuyez-vous pour mieux rêver.

Visitez les futurs souhaitables avec d'autres.

Tournez-vous vers des médias inspirants.

Les défis
2030
glorieuses

3 conseils

Ennuyez-vous pour mieux rêver.

Visitez les futurs souhaitables avec d'autres.

Tournez-vous vers des médias inspirants.

Les défis
2030
glorieuses

3 conseils

Ennuyez-vous pour mieux rêver.

Visitez les futurs souhaitables avec d'autres.

Tournez-vous vers des médias inspirants.

Les défis
2030
glorieuses

3 conseils

Ennuyez-vous pour mieux rêver.

Visitez les futurs souhaitables avec d'autres.

Tournez-vous vers des médias inspirants.

Les défis
2030
glorieuses

3 conseils

Ennuyez-vous pour mieux rêver.

Visitez les futurs souhaitables avec d'autres.

Tournez-vous vers des médias inspirants.

Reviens en 2030 !

carton jaune

Espèce de nostalgique...

Ici c'est l'utopie !

carton jaune

Espèce de pessimiste...

3 défis

Parlez des 2030 Glorieuses à la machine à café.

Rejoignez un projet qui participe à déployer les 2030 Glorieuses.

Remplacez le « oui mais » par le « et si ».

2030glorieuses.org

3 défis

Parlez des 2030 Glorieuses à la machine à café.

Rejoignez un projet qui participe à déployer les 2030 Glorieuses.

Remplacez le « oui mais » par le « et si ».

2030glorieuses.org

3 défis

Parlez des 2030 Glorieuses à la machine à café.

Rejoignez un projet qui participe à déployer les 2030 Glorieuses.

Remplacez le « oui mais » par le « et si ».

2030glorieuses.org

3 défis

Parlez des 2030 Glorieuses à la machine à café.

Rejoignez un projet qui participe à déployer les 2030 Glorieuses.

Remplacez le « oui mais » par le « et si ».

2030glorieuses.org

3 défis

Parlez des 2030 Glorieuses à la machine à café.

Rejoignez un projet qui participe à déployer les 2030 Glorieuses.

Remplacez le « oui mais » par le « et si ».

2030glorieuses.org

3 défis

Parlez des 2030 Glorieuses à la machine à café.

Rejoignez un projet qui participe à déployer les 2030 Glorieuses.

Remplacez le « oui mais » par le « et si ».

2030glorieuses.org

3 défis

Parlez des 2030 Glorieuses à la machine à café.

Rejoignez un projet qui participe à déployer les 2030 Glorieuses.

Remplacez le « oui mais » par le « et si ».

2030glorieuses.org

3 défis

Parlez des 2030 Glorieuses à la machine à café.

Rejoignez un projet qui participe à déployer les 2030 Glorieuses.

Remplacez le « oui mais » par le « et si ».

2030glorieuses.org

3 défis

Parlez des 2030 Glorieuses à la machine à café.

Rejoignez un projet qui participe à déployer les 2030 Glorieuses.

Remplacez le « oui mais » par le « et si ».

2030glorieuses.org

3 défis

Parlez des 2030 Glorieuses à la machine à café.

Rejoignez un projet qui participe à déployer les 2030 Glorieuses.

Remplacez le « oui mais » par le « et si ».

2030glorieuses.org